설명의 기술

Great Ideas for making a real impact

Great Ideas for making a real impact

옌스 에렌보리 · 존 매톡 지음 | 김선희 옮김

Presentations

상대를 움직이고 행동하게 만드는 테크닉

설명의 기술

아이디북

설명의 기술

Great ideas for making a real impact

초   판 1쇄 발행 | 2001년 11월 10일
개정판 1쇄 발행 | 2003년 9월 30일

지은이 | 옌스 에렌보리 · 존 매톡
옮긴이 | 김선희
펴낸이 | 김철수
펴낸곳 | 아이디북

출판등록 | 1988년 2월 27일 제8-44호
주소 | 서울시 마포구 상수동 231번지 호수빌딩 301호
전화번호 | (02)322-9822~5 팩시밀리 (02)322-9826

ISBN 89-903510-2-2   03320

*잘못 만들어진 책은 구입처나 본사에서 교환해 드립니다.

시작하는 말

　성공적으로 목표를 달성하도록 누군가를 이끌고 싶다면, 그 사람의 위치를 정확히 파악한 그 지점에서부터 이끌어 주어야 한다. 물론 한 사람을 이끌고 돕기 위해서는, 그 사람이 이해하는 것 이상을 알아야겠지만, 우선은 그가 이미 알고 있는 것을 정확히 알아야만 한다.

키에르케고르

　이 책은 설득력 있는 프리젠테이션을 계획하고 발표하기 위한 종합적인 방법을 제시하고 있다. 즉, 목표를 향해 전진하는 사람들을 이끌어 주는 지침서라고 할 수 있다.

　이 책에서 논의되는 수단과 방법들은 대개 수천 년의 역사를 거쳐왔다. 이러한 방법들은 키에르케고르가 19세기에 이 연구를 시작했을 때부터 통용되고 있었다. 특히 파렴치한 정치인들과 대중 매체에 출연하는 연예인들이 일상적으로 사용하였다. 그러므로 이 책을 읽는 독자들은 이러한 방법들을 유익한 목적으로만 사용해야 할 것이다.

　무엇보다도 이 책은, 자신의 프리젠테이션이 무미건조하다고 생각되거나, 메시지가 상대에게 제대로 전달되는지 불안해하는 사람들을 대상으로 썼다.

각 장마다 세미나 형식을 갖추었으며, 두서너 장을 읽고 난 후엔 반드시 그 내용에 대해 숙고할 시간을 가진 다음 실제로 연습해야 한다.

아니면, 책의 전체적인 내용을 30분 정도 대강 훑어본 후, 그 다음 프리젠테이션을 준비할 동안 이 책을 책꽂이 위에 올려놓고 필요한 부분을 참고해도 좋을 것이다.

먼저 이 책을 읽을 때 염두해 두어야 할 부분은, 10여 명 가량의 청중들이 앉아 있는 가운데 일반적인 시청각 장비를 갖추고 열심히 준비한 프리젠테이션을 발표하는 모습을 전반적인 기준으로 삼고 있다는 것이다. 단, 이 책에서는 보디 랭귀지(body language)나 발성법(voice projection), 플립차트 기술에 대한 내용은 다루지 않았다.

지금부터 키에르케고르의 조언에 따라, 프리젠테이션을 하고 있는 사람들의 입장으로 그들이 발표하기 위해 서 있을 때의 마음 상태에 대해 알아보자.

라이트 브레인 트레이닝(Right Brain Training)

의사 전달 기술은 점점 더 중요해지고 있다. 더구나 이것은 사회적 민감도나 공감대, 설득력, 인격적 존재 등과 같은 전통적 미덕에 손상을 주는 경우가 잦아지고 있기 때문이다. 대다수의 경영자들이 감정적 · 인격적 · 인간적 측면에서 나름대로 전문 기술을 향상시킬 수만 있다면 보다 훌륭한 업무 수행 능력은 물론이고 더욱더 즐거운 마음으로 일할 수 있을 거라고 생각한다.

라이트 브레인 트레이닝(Right Brain Training)이란 바로 이러한 생각을 바탕으로 형성된 유럽 주변국 컨설턴트들의 연합체이다. 이러한 전문적 기술은 학습을 통해 터득할 수 있다. 우리는 거의 모든 문화를 기반으로 하는 산업 분야에서 다양한 직무에 종사하는 수많은 경영자들에게 이 기술을 수년간 가르쳐 왔다. 본 서비스에 대해 보다 자세한 사항을 알고 싶은 분은 저희에게 직접 연락해 주시기 바란다.

Right Brain Training   Kingsmead Preston Candover
Hampshire RG25 2EE   TEL : 01256 389 653
www.rightbrain.org.uk

차 례

1

유능한 프리젠터의 첫 걸음

청중들은 무슨 생각을 하고 있는가?
- 청중들의 머리 속 잡념을 쓸어내자

발표자가 가슴 졸이며 프리젠테이션을 하는 동안, 청중들은 혼잣말을 하고 있을지도 모른다. 당신이 말을 시작하는 순간부터, 청중들은 다음과 같은 의문을 갖는 것이다.

> **이 메시지가 나를 위한 것인가?**
>
> **이 메시지를 믿을 수 있을까?**
>
> **저 발표자는 내 편인가?**

청중들은 마음 한편*에 이런 의문을 가지면서도, 여러분이 지금부터 말하는 내용에서 바로 그 답을 찾으려 한다.

이 장에서는, 위의 세 가지 질문을 프리젠테이션 발표자인 여러분에

---

* 청중의 머릿속은 늘 복잡하다. 자신의 성생활에 대해 생각하기도 하고, 허리 둘레에 대해 걱정하기도 하고, 그저 멍하니 창 밖을 내다보기도 한다. 그래서 이 책의 뒷부분에서는 청중의 주목을 끌고 계속 관심을 갖도록 하는 방법들에 대해 제시하고 있다.

게 차례로 던졌을 때, 청중이 그 답을 찾도록 하기 위해 여러분이 무엇을 해야 하는지 살펴보겠다.

> **그래, 이건 믿을 만한 사람이 말하는 유용하고도 훌륭한 메시지야!**

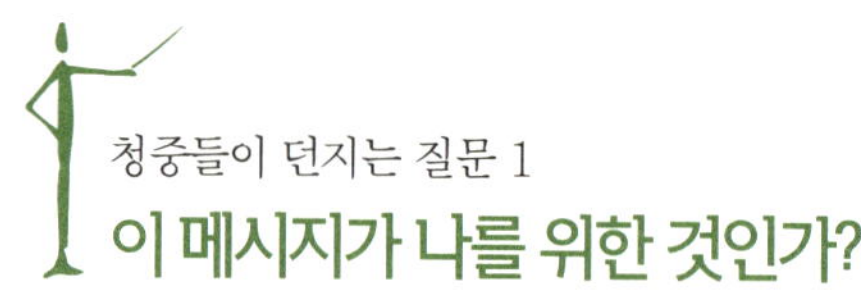

청중들이 던지는 질문 1
이 메시지가 나를 위한 것인가?

청중은 여러분의 메시지를 끝까지 다 들어본 후에야 이 질문에 대한 답을 찾게 될 것이다. 그러나 대부분의 청중들은 프리젠테이션 시작부터 이런 의문을 가지고 있다. 그래서 발표자인 여러분은 이들이 보다 빨리 해답을 찾을 수 있도록 아주 분명하게 말해 주어야 한다.

- 맞아요, 이 메시지는 바로 당신을 위한 것입니다!

이 말은 광고에서 시청자 혹은 청취자들을 끌어들이기 위해 사용하는 가장 기본적인 방법 가운데 하나다.

대다수의 성공적인 광고 캠페인들은 믿기 쉬운 한 가지 전제에 기초한다. 예컨대, 여러분의 돈으로 주식 거래에서 모험을 하고 있는 어느 은행에서 고객인 여러분을 알아주고 개인적으로 신경을 써 준다든지,

또는 고양이 먹이를 만드는 회사에서 소비자 개개인의 고양이에 대해 개별적으로 특별한 관심을 가져 줄 경우를 말하는 것이다.

- 더 높은 이자율을 보장하는 예금 계좌! 오직 당신의 돈을 위해 존재합니다!
- 욤미킨스(Yummikins) - 당신의 고양이가 이런 대접을 받을 만하기 때문이죠!

대부분의 은행에서 고객의 돈을 관리하는 것은 자신들의 이익을 위해서이다. 하지만, 다른 누군가를 위해 아무 일도 하지 않는 고양이가 어떻게 대접받을 가치가 있는가? 여기서 그 이유를 따져보는 것은 그리 중요하지 않다.

이보다 훨씬 중요한 것은 시청자(혹은 청취자)는 '아하! 난 영리한 투자가이고 사랑스런 고양이를 기르고 있구나!' 라는 식으로 이 메시지를 받아들인다. 그리고 '나를 두고 하는 말이군! 좀더 열심히 해야겠다!' 라는 일종의 동일시 현상을 불러일으킨다는 것이다(만약 고양이를 혐오하는 사람이 우연히 TV에서 이 광고를 보았다면 '이것은 나에겐 전혀 해당 사항이 없어!' 라고 말하면서 흥미조차 갖지 않을 것이다).

이런 상업성 메시지에서는 '당신(혹은 여러분)' 이라는 말을 사용하는 것이 절대적으로 중요하다. '… 돈을 위해 존재하는…, 고양이가 이만한 대접을 받을 만하기 때문이죠!' 처럼 위의 문장에서 '당신' 이라는 말이 생략될 경우, 얼마나 많은 설득력을 잃게 되는지 알 수 있다.

설득력을 가질 수 있는 말 생각해 보기

• 조국이 당신을 필요로 한다. VS • 이 나라가 군인을 필요로 한다.

• 독재자가 당신을 지켜보고 있다. VS • 독재자가 모든 국민들을 지켜보고 있다.

세익스피어의 걸작 가운데 하나인 안토니우스의 유명한 연설문은 이처럼 직접적인 방식으로 그 결과를 얻고 있다.

• 벗들이여, 로마인들이여, 동포들이여 나에게 귀 기울여 주시오.

이는 쉽게 말해, '이 메시지는 당신을 위한 것이니, 경청하시오!' 라

연습 문제   Exercise

TV나 영화에 나오는 광고들을 자세히 살펴보면서 각 광고에 숨겨진 의도를 찾아 보자. 광고주는 시청자 및 청취자들을 어떤 방식으로 끌어들이고 있는가?

(흔히, 그들은 농담이나 익살이라는 수단을 이용한다. 만약 시청자나 청취자, 혹은 독자가 그 광고에 대해 미소를 짓거나 흥미를 가진다면, '이 광고가 나를 웃게 만든다. 즉, 나의 유머 감각에 걸맞다.' 라는 결속력을 가진다. 그러나 한 예로, '주의 깊은 엄마라면 프로도(Frotho:제품명)를 사용한다!' 처럼 자사의 제품명을 직접 선전해서 품위가 떨어지는, 일종의 도덕적 공감이 발생하기도 한다.)

는 의미를 내포한다(이 책의 뒷부분에서 이 작품의 고전주의적 수사법
에 대해 좀더 살펴보겠다).

그렇다고 아주 노골적으로 '당신, 당신의, 당신의 것'이라는 말을
모든 광고에서 남용해선 안 된다. 그러나 이를 토대로 대성공을 거둔
모든 광고들은 개개인을 향한 동일시 현상을 활용하고 있다. 즉, 그 광
고가 자신을 향한 메시지라는 느낌을 받도록 만들겠다는 소기의 목표

유의할 점　What this means to you

　당신이 열 명의 사람들을 설득하려 한다면, 광고 회사 내의 아이디어
개발부를 주시하라. 거기서 큰 도움을 받을 수 있다.

　이들은 다양한 경험을 통해서 수백만 명에 달하는 사람들의 성향에 대
한 값비싼 추측들을 얻고, 이를 토대로 다수를 겨냥한 메시지를 만들어
낸다. 이제 당신은 보다 정확히 초점을 맞춘 상대에게 자신의 메시지를
구체화하여, 자신이 말하고자 하는 바를 당당하게 말할 수 있다.

● 바로 이것이 혼잡한 거리를 지나다녀야만 하는 자녀를 둔, 여러분 모
　두의 특별한 관심을 끌 수 있다고 확신합니다.

● 요즘 젊은이들이 '죄송하지만'이나 '감사합니다'라는 말을 왜 전혀
　사용하지 않게 되었는지 알고 계십니까?

● 제가 드릴 조언은 특별히 이번 시험에서 한번에 합격하기 바라는 분
　들을 위한 것입니다.

를 달성한다. 광고주는 이를 달성하기 위해 전형적인 TV 광고에서 30초를 할애한다.

청중과 메시지 사이의 결속력은 그 메시지가 청중의 세계에 적합한 말들로 표현되었을 때, 훨씬 더 두터워진다. 예를 들면, 어부들 중에서 제자들을 모집하던 예수 그리스도는 다음과 같은 말로 그들의 마음을 서로잡았다.

- 나를 따르라. 그리하면 내가 너희를 사람을 낚는 어부가 되게 하리라.

경고 Warning

세상에서 가장 위험한 주제는, 전문가나 매니아 분야의 직업을 가진 사람이 청중을 대상으로 그에 관련한 이야기를 할 경우다. 왜냐하면 이런 경우에는, 여러분이 청중을 개의치 않은 채, 자기 자신의 관심이나 흥미 위주와 관련된 이야기를 너무 쉽게 해버릴 수 있기 때문이다.

만일 이런 일이 벌어진다면, 여러분의 이야기를 듣는 청중은 속으로 다음과 같이 묻고 답할 것이다.

Q: 이 메시지는 나를 위한 것인가?

A: 절대로 그렇지 않아. 저 놈은 혼자 떠들고 있는 거야.

사람들 간의 모임(술자리, 회의 중 휴식 시간, 라커 주변에서 흔히 일어나는 잡담 등)에서, 자신이 상대편에 속하려면 알고 있는 한 사람의 이름을 미리 기억해 둔다.

그 친구의 이름을 피터 플레처라고 가정해 보자.

사람들과 대화할 때 보통 목소리 톤으로 피터 플레처의 이름을 살짝 언급한다. 예를 들어 '네가 장미에 대해 물어봐야 할 사람은 피터 플레처야!' 라고. 또 다른 예로 '피터 플레처가 얼마 전에 자기 집을 팔면서, 아주 비슷한 경험을 한 것 같더라.' 는 식으로 말이다.

그곳에 있는 다른 사람들은 이 이야기에 아무도 주목하지 않겠지만, 피터 플레처만은 '나에 대해 이야기하나?' 라고 생각하면서 자기가 하던 것을 멈추고 당신이 말하는 어투나 미소, 혹은 자신을 흉내내는 행동 등을 주시할 가능성이 높다.

즉석 조언

처음 몇 분 동안에는, '나 / 그들 / 우리들' 보다 '당신 / 당신의 / 당신의 것' 이라는 말을 더욱 많이 사용하는 것이 좋다.

청중들이 던지는 질문 2

이 메시지를 믿을 수 있는가?

개 한 마리가 여러분의 손 냄새를 맡고 있다고 하자. 이 개는 지금 여러분이 자신에게 결투를 신청할지도 모르는 닭이나 사자, 또는 다른 개 따위가 아닌지를 확인하고 있는 것이다.

이와 마찬가지로 한 가지 사례를 설명하려고 할 때, 여러분이 광신자나 거짓말쟁이나, 어릿광대가 아니라는 확신을 주기 위해 청중들이 여러분의 손 냄새를 맡도록 만들어야만 한다.

여러분의 개인적 진실은 전하고자 하는 메시지에 묻어 있어야 한다. 청중에게 전달할 새로운 안(安)을 제시하기에 앞서서, 진실이 묻어나는 유익한 아이디어나 적어도 정확하고 유용한 정보로 자신의 입장을 굳혀야 한다.

이에 대해 포고딘(Pogodin)은 '당신이 우리에게 보여 준 증거에 대한 진실성을 제시해 주어야 한다.' 라고 말했다.

이러한 그의 권유는 레윈터(Lewinter)의 머릿속에서 항상 떠나지 않았다. 레윈터는 ID 카드와 MIT 교수 카드, 여권만으론 모스크바행 8시 비행기에 몸을 싣지 못한다는 사실을 알고 있었다.

포고딘은 말했다. 'MIRV(다탄두 각개 목표 재돌입 미사일)에 장착된 레이더 교란용 물체 가운데 한 가지에 대한 궤도 공식을 당신에게 알려 줄 수 있었습니다. 또한 당신이 모스크바에 그 기밀을 전신으로 보내줄 수도 있습니다. 물론, 그것을 보증할 수 있는 다른 누군가가 있어야만 합니다.'

포고딘은 전혀 주저하지 않고, 레윈터에게 그린노트북(영국의 기밀 공

문서)을 건네주었다.

'펜을 드릴까요?' 포고딘은 정중하게 물었다.

로버트 리텔(Robert Littell),

레윈터의 변절(원제 : The Defection of A Lewinter)

가장 훌륭하고, 가장 진실되며, 가장 유익한 아이디어는 청중이 이미 알고 있거나 느끼고 있거나 믿고 있는 것을 스스로 재확인할 수 있도록 만드는 매개체 역할을 하는 것이다. 청중은 발표자가 자신들도 알고 있는 기존 지식이나 의견에 대해 말하고 지지하는 것을 들으려 한다. 발표자인 여러분의 시작하는 말이 그들이 알고 있는 것과 일치했을 때, 그들은 여러분의 말에 적극 찬성할 것이다.

청중들은 결코 반대하지 않는다. 게다가 그들은 '내가 이미 알고 있는 것을 또 다시 듣다니, 이 얼마나 시간 낭비야!' 라고도 생각하지 않는다. 오히려 그들은 미소를 지으며 고개를 끄덕인다.

여러분이 현재 이런 상황에 처해 있다면, 이때 청중들은 속으로 이렇게 말하고 있는 거와 다름없다. '내가 진실이라고 알고 있는 것을 토대로 당신의 말을 확인하고 있다.', '당신 말에 동감이다.', '난 지금 당신이 이야기할 다음 말을 믿을 준비가 되어 있다.' 일단 청중이 고개를 끄덕이기 시작했다면, 계속해서 그들이 고개를 끄덕이게 만드는 것은 한결 쉬워진다.

이처럼 신뢰할 수 있는 사실들과 훌륭한 아이디어의 원천으로 자신의 입지를 확고히 굳혔다면 여러분 앞엔 탄탄대로가 펼쳐져 있는 것이다. 다시 말해, 그다지 걱정하지 않고도 청중에게 자신이 말하고자 하는 주요 메시지를 바로 전달할 수 있게 된다. 또, 이렇게 되면 청중은 여러분의 말을 호의적으로 받아들일 것이다.

- 잘 알다시피, 저 사람 말이 맞아. 나 역시 똑같은 경험을 했잖아!
- 내가 저 이야기와 똑같은 말을 몇 번이나 했었지?
- 저 사람이야말로 내가 항상 말해 오고 믿어온 것을 뒷받침해 줄 수 있을 거야!
- 맞아, 그래. 정말 그렇지!

의 견 Observation

책이나 신문 기사, 학습 과정 등 추천할 경우, 당신이라면 어떻게 말할 것인가?

(a) 이거 정말 좋아. 내가 믿고 있는 많은 정보들을 보충해 주었어.

(b) 이거 정말 좋아. 이전에 내 생각이 잘못되었다는 것을 스스로 인정하게 만들어주었다네.

앞에서 말했던 안토니우스는 그의 위대한 연설('벗들이여, 로마인들이여, 동포들이여 나에게 귀 기울여 주시오')을 시작할 때, 풀어야 할 당면 문제를 안고 있었다. 그것은 청중 속에 포함된 로마 시민들이,

바로 얼마 전에 암살당한 시저의 절친한 친구가 바로 자신이었다는 사실을 알고 있는 것이다. 또 로마 시민은 브루투스가 시저를 죽인 것이 당연하다고 생각했기 때문에 분명, '시저는 정말 위대하고 훌륭한 사람이다.' 라는 연설을 전혀 듣고 싶어하지 않았을 것이다. 그러나 안토니우스 역시 자신의 메시지가 명백한 사실이라는 증거를 제시하여 시민을 납득시키지 않는 한, 로마 시민 모두에게 반감을 얻을 위험이 있다는 사실을 (수년 동안의 수사학 학습을 통해) 누구보다도 잘 알고 있었다.

 • 난 시저를 묻으러 온 것이지 칭찬하러 온 것이 아니외다.

그의 이 말이 실제로 의미하는 것은 '내가 이 사람을 진정으로 사랑했던 것을 당신들 모두가 알고 있다. 또한 지금 당신들은, 당신들마저 시저를 사랑하게 만들려고 하는 나를 두려워하고 있다. 하지만 걱정마라. 나는 그런 말을 하려는 것이 아니다! 나는 단지 우리가 이런 불미스러운 일을 벗어 던지는 데 필요한 시간을 당신들에게서 얻고자 할 뿐이다.' 라는 뜻이 내포돼 있다.

다음은 청중에게 이미 친숙한 내용이거나 그들 스스로 추론할 수 있는 말이기도 하다.

 • 지금 여러분들은 이와 같은 설계가 위험 요소를 수반하고 있다

는 것을 경험상 잘 알고 있을 겁니다.

- 이 지도를 얼핏 보기만 해도, 이쪽 도로가 약간 더 길다는 사실을 알 수 있습니다.

- 저는 적합한 일꾼들을 찾아내 관리하는 데 경비가 든다는 사실을 숨기지 않겠습니다.

발표자는 이런 과정에서 청중이 두 번 고개를 끄덕이게 만드는 결과를 얻는 셈이다. 다시 말해, 이미 자신이 알고 있는 것을 발표자가 말해 주니까 그의 말에 동의하면서 한 번 고개를 끄덕일 것이다. 그리고, 발표자가 정직하고 빈틈이 없으며, 객관적으로 보이면 이에 동감하여 또 한 번 고개를 끄덕일 것이다.

> ### 유의할 점 What this means to you
>
> - 청중에게 영향을 주려고 하기 전에, 그들로부터 확고한 신뢰를 얻어내야 한다.
> - 그러기 위해서는 그들이 이미 가지고 있는 정보 또는 지금까지 지지해 온 의견을 제시해야 하며, 그들이 이미 느끼고 있는 감정을 표현하도록 해야 한다.
> - 다른 사람들을 설득하는 데 숙련된 사람이라면 한층 더 높은 단계로 나가기도 한다. 예컨대, 위의 사람은 자신의 주장을 방해하는 어떤 사실을 분명히 인정한다는 것이다.

또한 위 세 가지 메시지를 잘 살피면 발표자의 면밀함이 엿보이는 구절에 주목해 보아야 한다. 각 구절들은 은연중에 '여러분은 현명한 사람들입니다.'라는 뜻을 내보이면서, 청중에게 은근히 아첨을 하고 있다.

물론, 이 현명한 청중들은 화자인 여러분이 주제에 대한 언어 구사에 유능할 뿐만 아니라 자신이 제시하는 약속을 지켜나갈 수 있다고 확신하고 싶어한다. 이러한 언어 능력을 주제로 한 내용은 제5장에 제시돼 있다.

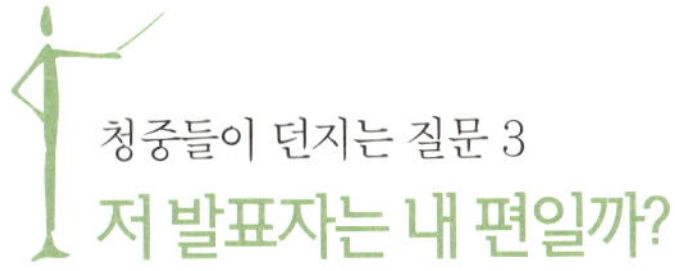

청중들이 던지는 질문 3
저 발표자는 내 편일까?

앞에서 언급한 세 가지 의문이 정해진 순서대로 발생하는 것은 아니다. 그러므로 여러분이 이런 질문에 모두 신속하고 명확하게 대답했다면, 일정한 순서에 따라 이 문제들을 다룰 수 있을 것이다.

안토니우스는 나머지 두 질문에 앞서 우리가 제시한 '질문 3'의 해답을 제시해 주고 있다.

- 벗들이여, 로마인들이여, 동포들이여……

그는 누구보다 명석했다.

- 그래, 난 당신 편이야!

또 다른 예로, 엘리자베스 1세 여왕은 아마다(Armada : 스페인 무적 함대)가 존재하던 시절, 전쟁에 나갈 자신의 군대를 향해,

- 나는 여러분 가운데 누군가는 살고, 누군가는 죽게 될 전쟁의 절정에서, 이렇게 선발된 여러분 앞에 서 있습니다. …… 우리 는 자비로운 하나님과 우리 왕국 그리고 우리 국민, 나아가 자 신의 명예와 생명을 걸고 그들과 맞서 싸워야 합니다. 죽어서조 차도 ……

미국의 케네디 대통령은 좀더 간결하게 다음과 같이 말했다.

- 저는 베를린 사람입니다.

독일 베를린 출신의 청중들이 모인 연설장에서 대중을 향해 던진 케 네디 대통령의 첫 인사말이었다. 볼셰비키 사상의 물결 속에 고립되어 겁먹고 있던 베를린의 청중들은 미국 대통령 집무실에 자기 편이 있다 고 단단히 믿을 준비가 되어 있었다.

우리는 세 명의 노련한 연설가들이 이렇게 결정적인 순간에, 간단하 지만 명확하고 구체적인 언어를 사용했다는 사실에 주목해야 한다. 그 들은 어려운 말이나 복잡한 논리를 사용하여 청중과의 장벽을 만들지

않도록 노력했다. 대부분의 청중들은 언변이 뛰어난 화자(話者)에 대해 곧잘 의심을 품는다.

세익스피어 작품의 등장 인물 가운데 화술이 가장 뛰어난 화자는 무어 인 오셀로이다. 그는 자신을 타락의 늪으로 끌어들인 데스데모나(오셀로의 처)의 아버지로부터 고소당했을 때, 즉시 다음과 같은 간결한 말로 자신의 입장을 변호할 결심을 한다.

- 내 말 속의 내가 얼마나 야비한가.
- 침묵 때문에 곤란해질 일은 없겠구나.
- 나는 그저 숨김없이 있는 그대로의 이야기가 전달되기를 바란다. ……

사실상, 오셀로는 '말의 매끄러움' 을 이끌고 있으며, 베니스 법원에 자리한 모든 이들은 그의 웅변술을 존경했을 뿐만 아니라 매우 경외했음이 틀림없다. 그러나 오셀로가 자신의 말에 솔직할 것을 약속하자, 그의 말을 듣고 있던 청중들은 자연스레 '숨김없이 있는 그대로의 이야기' 에 귀 기울이면서, 자신들이 오셀로에게 속을 위험이 전혀 없다고 안심했다.

우리 그룹 중에 한 친구가 유명한 동창생으로부터 학교 방문 요청을 받았다. 친구는 그에 대한 보답으로 자서전 복사본 배포를 포기하기로 했다.

- 두 가지 종류의 책이 있다. 유익한 책과 타락한 책.
- 이것은 유익한 책이다. 내가 이 책을 집필했다.

'무례한' 남학생 말씨와 같은 간단하고도 분명한 학생들의 속어, 그리고 청중 속에 앉아 있는 남학생들은 모두가 수많은 저질 책들을 경

유의할 점   What this means to you

- 청중에게 당신도 그들 중 한 명이며, 적어도 당신이 그들의 관점에서 어떤 것들을 생각할 수 있다는 점을 말한다.
- 쉬운 말로 자신을 그대로 표현하고, 교묘한 말로 모든 사람들을 속이고 싶지 않다는 것을 보여 주어야 한다.
- 청중에게 더 가깝게 다가가기 위해, 그들의 언어를 사용해 본다.

연습 문제   Exercise

다음 각 경우에서, 화자와 청중의 모습을 마음 속에 그려보자.

1. 목수인 할아버지가 매우 중요한 충고를 해주셨다.

2. 이 길 아래 공장의 생산 라인에서 일하고 있을 때,

3. 내가 훈련을 놓치고 매점에서 샀던 애플파이가 처음 11인조 팀에서 쫓겨났을 때 먹었던 것만큼이나 맛있다는 것을 알게 되어 기쁘다.

험해 본 적이 있었다. 여기 큰 전투의 영웅 역시 이와 같은 경험을 인정하고 있다!

"우리 친구의 머릿속에 30년 동안 깊이 박혀 있던 19개의 사소한 단어들."

모든 것을 말해 주고 있는 한 가지 예

시저의 시신을 앞에 두고 행한 안토니우스의 연설에서 앞 부분 두 줄을 다시 생각해 보자.

- 벗들이여, 로마인들이여, 동포들이여 나에게 귀 기울여 주시오.
- 난 시저를 묻으러 온 것이지 칭찬하러 온 것이 아니외다.

안토니우스는 이렇게 말함으로써, 청중들로 하여금 우리의 친구가 자신들에게 무언가를 말하려고 한다. 그런데, 그것은 매우 쉽고도 유용한 이야기일 것이라고 믿게 만들었다.

다음 연설문에서 그는 시종일관 이런 논지를 거듭 반복해서 밝히고 있다.

- 나는 나 자신일 뿐 어떤 역할을 맡고 있는 것이 아니외다.
- 나는 평범하고 무뚝뚝한 사나이요.
- 모든 이들이 나를 믿기 때문에, 나에겐 적이란 대상이 없소.

- 여러분 앞에서 여러분도 알고 있는 걸
- 그저 솔직하게 얘기할 뿐이오.

 국제 무대

이 섹션들은 무엇을 위한 것인가

각 장이나 섹션의 마지막 부분에서, 우리는 발표자인 여러분이 국가 간 문화적 차이를 뛰어넘어 프리젠테이션을 해야 할 때, 필요한 추가 요소들이 어떻게 작용하는지 알아볼 것이다.

우리는 커뮤니케이션이 '국제적으로' 진행될 때 일어나는 일들에 관해 여러 나라를 토대로 직접 연구해 왔을 뿐 아니라, 이러한 경험을 충분히 쌓아 왔다. 이 연구에서 우리 주변의 현상들을 해석한다. 그런데, 이에 대한 학문적 이론들을 사용하되, 가능한 한 이문화(異文化)간의 거래에 대한 비실용적 모델들은 제외시켰다.

일어날 가능성 있는 특정 현상들을 묘사할 경우에도, 정확히 말하는 방법에 관한 실질적인 조언들을 제시하려고 노력했다.

또, 문화적 차이가 있는 청중들을 대상으로 프리젠테이션을 진행할 경우, 이야기를 시작하고 몇 분 안에 그들에게 좋은 인상을 주려고 노력하는 발표자들을 위해 다음 같은 개략적 조언들을 제시한다.

분명하게 말하라

여러분의 메시지를 청중이 이해하지 못하면 커뮤니케이션의 전달이 어렵다. 이런 경우, 청중은 질문 1에서, '이 메시지를 제대로 알아들을 수 없으니, 나를 위한 것인지조차도 모르겠네.'라고 생각하고는 마음의 문을 닫아 버릴 것이다.

예 여러분이 자신의 이름이나 회사명 또는 제품명을 처음 이야기할 때, 나중에 일어날지 모를 당황스러운 상황을 모면하려고 크고 분명하며 약간 느린 속도로 말한다. 그리고 독일인이 스페인 어를 듣기 어렵고, 미국인이 연속적인 헝가리 어를 이해하기 어렵다는 이치를 염두에 두기 바란다.

정중하고 진지한 태도를 보여라

청중을 향해 메시지에 집중하기 바란다는 의지를 보여 줘야 한다.

예 그 지방의 문화적 입장에서 허용된다면……, 식으로 처음에 청중들에게 강렬한 시선을 보내 눈을 맞추는 것이 좋다.

호기심을 가져라

청중의 반응을 알려면 그 문화에 익숙한 사람에게 물어본다.

예 (우리가 흔히 알고 있는 네덜란드 인들처럼) 청중들이 논쟁에 참여하는 것을 좋아하는가, 아니면 (일부 아시아 문화권에서처럼) 발표자인 여러분이 모든 생각을 전달하길 기다리는 소극적 경향이 있는가? (대부분의 슬라브 인들처럼) 단도직입적인 솔직함을 높이 평가하는가, 아니면 (영국인들처럼) 아이러니컬한 표현을 높게 평가하는가?

융통성을 보여라

상투적 문구로 생각을 표현하는 것은 금물이다. 사실, 위에서 제시한 일반화들 또한 시대에 뒤떨어졌다.

Example 당신이 이 책을 읽는 것처럼, 중국과 인도네시아의 수많은 젊은 경영인들도 보다 개방되고 진취적인 표현 방식을개발하려고 한다. 그러므로 당신이 상하이에서 프리젠테이션을 하는 동안에도 자신이 생각하는 것보다 더 많은 상호 작용을 기대할 수 있을 것이다. 그리고 정확하고 올바른 판단이 중요하다는 인식 때문에 점점 더 많은 영어권 사람들이 아이러니와 유머의 대부분의 형태를 버리고 있다. 그러므로, 노스체셔(North Cheshire: 영국 서부의 주) 지방의 성실하고 건강한 일꾼들에게 냉소적인 태도를 보이는 것은 삼가하는 게 바람직하다.

청중의 반응을 신중하게 살펴보아라

반드시 청중의 반응이 여러분의 생각을 의미한다고 볼 수 없다.

Example 가장 쉬운 예로 일본인들이 고개를 끄덕이거나 '네, 네, 네…….' 라고 말한다고 해서 이들의 행동이나 말이 '동감이다' 혹은 '알겠다'라는 뜻도, '나는 현재 당신의 말에 열중하고 있다'라는 의미도 아니다. 또한 비슷한 예를 들자면, 취리히로 이사를 간 미국인이 그 지방 사람들에게 이야기를 할 때마다 '그래, 그래'라는 소리에 전혀 거북함을 느끼지 않는 것과 같은 이치이다. 그러나 그들은 '계속해, 내가 듣고 있어'라고 말하지만, 피츠버그 출신의 사람은 '음, 음… 응, 음… 난 몹시 지루하고 도통 당신 말을 믿을 수가 없어'라는 전혀 다른 뜻으로 받아들인다.

침착해라

여러분이 말하고 있는 상대의 문화에 대해 어느 정도 알고 있다는 것을 은연중에 나타내되, 무엇을 말하려는지 초점이 있어야 한다.

예 구 소련 연합의 나라들을 방문하고 있는 몇몇 서부인들은 부를 과시하는 모습을 보이지 않기 위해 본(Bonn : 옛 서독의 수도)이나 파리의 집에 자신들의 가장 말쑥한 스타일의 옷들을 남겨 두었다. 그러나 실제로 러시아와 헝가리의 청중들은 '이 사람은 분명히 좋은 결과를 나타낼 거야. 그렇다면, 잘 들어야겠다.'라고 생각하면서, 바로 그 말쑥한 스타일의 옷에 긍정적인 태도를 보였을 것이다.

이문화(異文化) 간의 사례

우리는 앞에서 '당신(혹은 여러분)'이라는 말이 광고에서 지니는 힘에 대해 이야기한 바 있다. 그런데, 일부 문화권의 사람들은 이런 방식의 '부드러운 설득'에 매우 불쾌감을 나타낸다.

유럽 사람은 '이 제품은 당신 마음에 꼭 들 만한 점이 몇 가지 있다.'고 말하는 것을 선호하지만, '당신의 꿈이었던 식기 세척기를 직접 드릴 수 있게 되어 영광입니다!'라는 미국식 표현에는 거부감을 느낀다.

반대로, 미국인들은 상대적으로 간결한 유럽의 표현 방식, 특히 영국의 억제된 표현에 당황해하는 경우가 종종 있다. 그들이 진행하는 영업 프리젠테이션을 보고 나서 '흥미로운 말이긴 하지만, 그 제품에 신뢰성이 가지 않는다. 영업자들이 제품에 관심이 없는 것처럼 보인다.'고 말하는 미국인이 허다하다.

'이익을 파는 것'과 '짜증나는 무례함'에는 미세한 경계가 있으며, 각기 다른 문화들은 저마다 다른 지점에 이런 경계선을 긋는다고 볼 수 있다.

2

상대의 기억 속으로 들어가는 법

당신의 말을 들은 청중의 머리 속에는
무엇이 남아있나
- 시각 교재를 활용하라

비즈니스의 모든 과정에서, 문서상의 유용한 아이디어(즉 서류로 된 정보)는 직접적인 의사 전달을 위해서라기보다는 나중에 참고용 자료로 사용되는 경우가 많다. 이런 문서는 대강 훑어보고, 책꽂이 위에 올려놓았다가 나중에 필요할 때 찾아보게 된다.

- 서류로 된 정보는 다시 찾아보기 쉬워야 한다.

회의용으로 작성하는 보고서나 고객을 위해 준비하는 카탈로그는 나중에 고객이 이것을 필요로 할 때 신속하게 떠올리거나 제품을 알 수 있도록 도와주는 요소를 갖추어야 한다.

명확한 요소는 청중이 당신의 말을 따르도록 만들고, 그들의 기억 속에 당신이 전하고자 하는 정보(또는 주장)를 저장하도록 도와준다. 그러므로 이러한 구조는 뒤에서 살펴보게 될 구두(口頭)로 하는 의사 전달에서도 매우 중요한 의미를 갖는다.

• 살아 있는 실제적 의사 전달은 기억하기 쉬워야 한다.

인간의 기억력에 대한 연구는 오랫동안 끊임없이 진행되어 왔다. 이러한 사항들을 간략하게 정리하기 위해, 두뇌의 양쪽을 구분해 살펴보았다. 이 두 부분은 각기 다른 능력을 지니고 있었다.

좌뇌 = 논리적 + 금방 잊어버림
우뇌 = 감상적 + 쉽게 기억함

가령 음악이나 미술, 지각 활동 및 정서와 같은 항목이 우뇌 자극과 관련이 있다고 말하면, 훨씬 더 쉽게 기억할 것이다. 대부분의 어린아이들이 노래 부르기, 그림 감상하기, 장난감 갖고 놀기, 선물 주고받기 같은 것에서 얼마나 많은 것을 배우는지 생각해 보자.

낙선한 정치가, 서투른 교사, 굶주린 세일즈맨과 같은 사람들은 청중들에게 어떤 특별한 도움을 주지 않아도 자신들이 하는 말을 기억할 거라고 생각하는 경향이 있다. 그러나 이것은 헛된 바람일 뿐이다. 일상 언어는 좌뇌 안에서 움직이며 다음 말의 흐름이 밀려 들어오면서 금세 잊혀지게 돼 있다.

요즘 어떤 프리젠테이션 발표자들은 리스트나 표, 굵은 가운뎃점(·) 등이 있는 화면을 연달아 보여줌으로써, 청중에게 강한 인상을 주려고 한다. 하지만 이것은 그다지 좋은 방법이 아니다. 굵은 가운뎃점은 효력을 잃은 지 이미 오래다. 이른바 '시각 교재'라는 것은 발표자가 다음에 할 말을 기억할 수 있도록 도와주는 말의 일람표이기 때문에 사실상 청중에게는 아무런 흥미를 주지 못한다.

언젠가 한 프리젠테이션에서 열다섯 번째 발표자가 온갖 곳에 굵은 가운뎃점을 남용한 것을 보고 청중이 큰 소리로 불평했던 회의에 참석한 적이 있었다. 그때 35mm 비디오 빔인 오버헤드 프로젝터가 주는 다음과 같은 문구를 보여주는 작용을 했어야 했다.

사 진!

우뇌의 기억력은 매우 뛰어나다. 이것은 새로운 정보를 접수하고 기억 속에 이미 존재하는 다른 것들과 '고리를 잠그는' 작용을 한다. 시각적 고리(즉 시각적 이미지)는 가장 강렬하면서도 날카로운데, 특히 해당 사진이 사람인 경우(예를 들어, 프리젠테이션 발표자일 경우)에는 더욱 그렇다.

연습 문제   Exercise

여러분이 참석했던 연설이나 강의, 프리젠테이션을 떠올려 본다(그것이 얼마나 오래 전 일이었는가는 그다지 중요하지 않다). 얼마나 많은 것들이 떠오르는가? 몇 번이나 되는가? 날짜는? 이름은? 그 당시 발표자가 사용했던 말들을 실제로 기억해낼 수 있는가?

　지금부터는 그런 기억에서 답을 구할 수 있는 몇 가지 다른 질문들을 던질 것이다. 그 발표자는 남자였나, 여자였나? 매력적이었나? 머리카락은 무슨 색이었는가? 서 있었는가, 아니면 앉아 있었는가? 팔을 심하게 흔들었나, 아니면 조용한 제스처를 취했는가? 딱딱했나, 편안했나? 즐거워 보였는가, 슬퍼 보였는가?

유의할 점　What this means to you

- 자기 자신을 시각 교재라고 생각한다. 즉 즐겁고, 솔직한 한 인간으로 비춰지게 잘 처신한다(단, 너무 화려할 경우, 청중은 여러분의 메시지가 아닌 여러분 자신만을 기억하게 되므로 주의한다).
- 다양한 자극을 주기 위해서는, 다시 말해 새 카메라 앵글처럼 청중의 전체 사고 틀을 바꾸기 위해서는, 활동 무대를 옮겨 다녀야 한다(단, 우리 안의 쥐처럼 뛰어다니면 안 된다).
- 몇 가지 적절한 말로 중요 메시지를 전달할 준비가 되어 있을 때, 프로젝터의 전원 스위치를 끄고, 화이트보드를 지우는 등 잠시 연단을 깨끗이 청소하는 시간을 갖는다. 청중 모두가 여러분 한 사람에게 집중하도록 만들어라.
- 여러분은 청중의 우뇌 기억에 메시지를 전달할 수 있는 시각적 고리를 제공한다.

사람들은 시각적 자극을 기억한다

많은 중세의 수도사들은 일정 범위의 기술을 익히기 위해 도구들을 사용하면서 격렬한 훈련을 이겨내야 했다. 그래서 엄청나게 긴 성경 본문을 모두 암기할 수 있었던 것이다.

즉 그 당시 성경은 너무 귀해서(또한 너무 무거워서) 힘든 여행 중에는 가지고 다닐 수가 없었다. 그래서 수도사들이 공부하는 문서들은 식물과 동물, 천사와 사탄, 노아와 그의 아들들이 그려진 머릿글들과 여백으로 아름답게 꾸며져 있었다. 대체로 이런 이미지는 기억의 고리를 제공하여 오랫동안 독자들이 본문을 기억하도록 만든다는 중요한 목적이 있었다.

또한 지방 선거 때 입후보자들이 입고 나왔던 옷은 무엇이며, 그들의 키는 어느 정도였는지, 당선자의 머리는 흑발인지 백발인지를 기억하고 있는 사람이 과연 얼마나 될까.

좀더 다른 예를 들어보자. 여러분은 지금 읽고 있는 이 책의 지은이를 기억할 수 있는가? 아마도 그렇지 않을 것이다.

그러면, 이 책 표지의 색들은 기억할 수 있는가?

때때로 여러분은 몇 가지 핵심 단어를 청중이 기억해 주길 바란다. 그럴 때는, 화면상에 큰 글씨로 그 단어들을 표시하는 것이 가장 바람직하다.

수익성

증대

완전 무결

커뮤니케이션

그렇다고, 청중이 한 시간 후 이 네 단어 모두를 기억하리라고 기대해서는 안 된다. 이 경우, 각 단어에 유사 기호를 붙이면, 그 성공률은 높다.

여러분의 컴퓨터에 저장되어 있는 한두 가지 간단한 기호들을 다음과 같이 사용해 보자.

수익성　£$

증대　↗

완전 무결　**OK**

커뮤니케이션　" "

사람들은 유추할 수 있는 기호를 기억한다

위에서 사용한 연결 기호들은 (£$ = 수익성, " " = 커뮤니케이션 등) 적절하기는 하지만, 강력한 주장을 함께 덧붙일 때만큼 강한 인상을 주지는 못한다.

예를 들어 망치와 낫(노동자와 농민을 상징하는 옛 소련의 국기)은 벽에 대강만 그려져 있어도 이 그림은 프롤레타리아와 농민들의 연합에 대한 메시지를 전달하고 있다는 것을 쉽게 알 수가 있다. 그런가 하면 음양 기호는 균형 잡힌 우주 안에 존재하는 대립 에너지들에 대한 전체 설명을 내포하고 있다. 또한 '뉴욕을 사랑해요'에 해당하는 커다란 빨간색 하트는 그 도시 생활에 상당한 변화를 불러온 것을 알 수 있다.

또 한 예로 현재 아일랜드의 상징인, 세 잎 클로버를 들 수 있는데, 이것은 Aer Lingus의 로고이다. 이 상징물은 성 패트릭(Saint Patrick: 아일랜드 수호 성인)이 1500년 전에 무지한 농민들에게 성 삼위일체라는 매우 어려운 교의(敎義)를 쉽게 설명해 주기 위한 방법으로 이 풀을 사용했다는 전설이 있다.

성 패트릭은 토끼풀을 하나의 독특하면서 기억하기 쉬운 장치로 사용했던 것이다. 그래서 그의 이야기를 들은 사람들은 토끼풀이 자라고 있는 밭을 볼 때마다 그의 말을 떠올리게 되었다.

말은 일단 입을 떠나면 통제할 수 없게 된다. 이런 시점에서 청중에게 한 문장을 이야기하는 것은 연못에 돌을 던지는 것과 같다. 즉, 연못에 돌을 던지면 물이 튀는 소리가 들리고 주위의 나뭇잎들과 잔가지들이 가볍게 흔들리며 연못 가장자리의 풀들이 고개를 숙이고 연못 밑바닥의 진흙이 일어나면서 잔물결이 퍼져 나가는 현상과 같다.

여러분의 말은 청중의 기억 속에서 무의식적 내포와 직접적인 관련이라는 연쇄 반응을 일으킨다. 결국 여러분의 의도는 왜곡되거나 사라지고 만다(이런 효과는 이미 널리 알려져 있으며, 많은 실내 오락 놀이와 TV 게임 쇼 등의 기본 원리로 활용되고 있다).

성 패트릭은 사람들이 귀로 들은 말보다는 눈으로 본 것을 기억한다는 사실을 알고 있었다. 그러므로 짧은 시간에 보다 쉽게 기억하도록 만드는 방법이란 청중의 시선을 끌어당겨서 그들의 눈이 휘둥그레지게 만드는 것을 활용했다.

시각 교재가 아닌 것은 무엇인가?

어느 회사의 보고서를 그대로 복사한 생산량 일람표는 시각 교재가 아니다. 코드 번호와 두문자어(頭文字語)로 이루어진 전화 교환국의 조직표 역시 시각 교재가 아니다. 특히 하단에 작은 글자로 발표자의 이메일 주소가 적혀 있는 경우에는 더욱 그렇다. CEO의 고무적 연설의 마지막을 장식하고 있는 처음 세 단락은 옆쪽에 그 위대한 사람의 사진이 붙어 있는 경우라고 해도 시각 교재라고 할 수 없다.

아무리 잘해도, 비즈니스 프리젠테이션을 하는 동안 청중에게 보여 준 것의 90%는 헛수고가 되고 단 10%만을 얻을 수 있다. 프리젠테이션이 너무 서투른 경우, 청중은 '저 발표자는 통찰력이 전혀 없어.'라고 생각하면서 발표자를 기억 속에서 지워 버리는 수도 있다.

최악의 경우, 화면상에 엉망으로 나타나는 자료는 청중에게 암시적인 모욕감을 줄 수도 있다. 이를테면, '나는 당신들을 개의치 않게 여기니까 당신들을 위해 보기 좋은 것을 만들려고 일부러 애쓰지 않는다.'라는 느낌을 줄 수 있다.

여러분의 시각 교재는 전달하려는 메시지를 청중이 이해하고 기억하는 데 도움을 주지 못한다면, 그 방법을 과감하게 버리고 다른 방법을 찾아보라.

사람들이 말하는 것들

- 나는 당신이 이 슬라이드에 나타나는 형상들을 실제로 볼 수 없다는 것을 알고 있다. 다시 말해, 당신의 기억 속에 남을 수많은 이야기를 알고 있다. 나는 당신에게 이것을 소리내어 읽어 줄 것이다.

- 우리 아들은 내가 출장갈 짐을 꾸릴 때마다 항상 이렇게 농담을 하지. '우리 좋은 아빠, 100 OPM(1인당 생산량)' 내 아들이 말하는 OPM이란 분당 총경비(Overheads Per Minute)이지.

- 제가 읽고 있던 잡지에서 이런 만화를 봤습니다. 여러분이 기억할 오늘의 주제인, '리더십'과 그리 관련은 없지만, 저는 여기에서 한 가지 흥미 있는 말을 발견했습니다.

유의할 점 What this means to you

- 프리젠테이션을 하는 동안, 청중의 생각과 통하는 시각적 경로를 이용하는 것이 가장 설득력이 있다. 이를 잘 사용하면 큰 도움이 될 것이다.

- 하지만, 나쁜 시각 정보나 서툴게 사용된 시각 정보 또는 너무 많은 시각 정보들은 청중에게 여러분의 발표가 서툴다는 인상을 주기 때문에, 자신의 이미지에 심각한 손상을 줄 수 있다.

- '그래프를 넣지 않아도, 나쁠 게 없다는 거야.'

시각 교재는 무엇인가?

개인용 컴퓨터 또는 그래픽 소프트웨어 패키지를 만드는 사람들은 여러분이 자신들의 제품을 구매하길 바란다. 그들은 여러분에게 이렇게 말할 것이다.

- 무수한 색상의 그래프! 파이 도표! 막대그래프를 보세요!
- 전문적이고 인상적이며 고급스러워 보이지 않습니까!
- 지금 당신의 고객이 이 제품을 살 것입니다! 위원회에서 당신의 제안을 받아들일 것입니다! 이제 사장이 월급을 올려줄 것입니다!

우리는 이런 모든 말에 대해 의심을 품는다. 청중들이 다음과 같이 생각한다면 참으로 유감스러운 일이다.

- 저런! 다 똑같잖아!
- 저게 우중충해 보이지 않는다는 말이야!
- 당신이 컴퓨터 마우스를 작동할 수 있다는 건 우리도 알고 있어. 참, 대단하군!

차트나 도표 등의 도안들은 설명을 할 때 도움이 되지만, 그렇다고 이런 것들이 상상력을 자극하거나 그 자체가 머릿속에 남지는 않는다.

'프리젠테이션용 소프트웨어'를 사용하고 있는 경우

해당 패키지에 들어 있는 지침 사항과 방법들을 그대로 따라 수행한 다면, 여러분의 시각 교재는 단순한 시각적 자료보다 더 많은 내용들을 포함하고 있을 것이다. 지금까지 설명해 왔음에도 불구하고 이를 무시하고 여러분이 화면 전체를 단어들로 채우려 한다면, 가능한 한 간단하게 만들기 바란다.

- 서체는 글자 크기나 모양 등을 구별할 수 있게 두 가지 종류만 사용한다.
- 이탤릭체, 대문자(CAPITALS), 굵은 글씨체를 남용해서는 안 된다.
- 말보다 더 흥미롭게 보이는 장식(이미지 컷 등)을 함부로 사용 하지 말아야 한다.

위 사항들 중 마지막 사항은 장식에 관한 경고이다. 이런 것은 사실 상 프리젠테이션을 진행할 목적에 아무런 도움이 되지 않는다. 많은 프리젠테이션 프로그램들은 사용자가 프리젠테이션을 다양하게 장식 할 수 있는 여러 가지 그림이나 사진들을 포함하고 있다.

예를 들어, 산 정상에 깃발을 꽂고 있는 대통령 모습('훌륭해요'라는 의미)의 만화 컷이나 불이 켜진 백열전구('좋은 생각이에요!'라는 의미) 등이 있을 수 있다. 그러나 유감스럽게도, 대다수의 청중들은 이미 이 같은 그림들을 전체적으로 열람해 본 경험이 있다. 따라서 여러분이 무선 마우스를 클릭해서 청중들에게 어떤 그림을 보여 주었을 때, 청중들은 '저 사람이 사용하고 있는 소프트웨어는 뭐지?' 심지어 '저 사람 좀 구식이군. 저 그림은 지나간 버전에 있는 건데.'라고 생각할 것이다.

소프트웨어를 창의적으로 사용하는 방법들을 보다 잘 알아둔다면, 여러분의 주요 생각을 뒷받침해 주는 참신한 시각 교재들을 만들 수 있다.

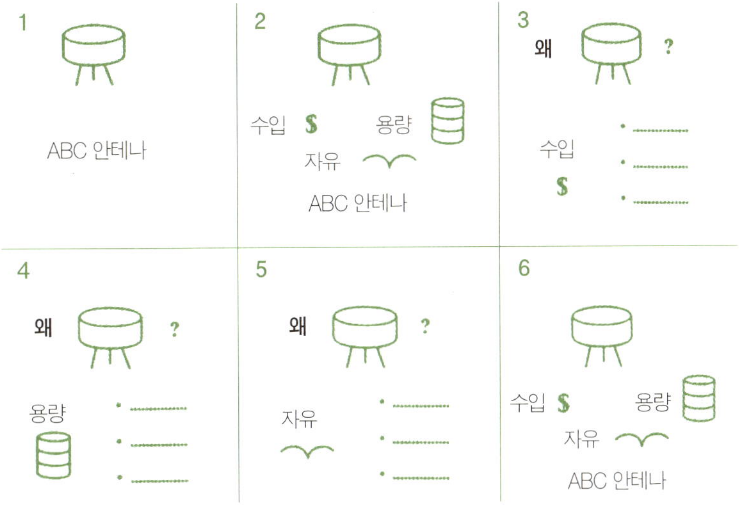

앞의 여섯 가지 그림들은 기본적인 컴퓨터 그래픽 패키지에서 간단하고 빠르게 만든 오버헤드의 연속 화면이다.

1. 테마 : 간단한 모양으로 기억 속에 고정된 ABC 안테나

2. ABC 안테나의 세 가지 장점은 각각 시각적 '고리'를 설명

3. 보다 상세하게 수입의 장점을 설명

4. 보다 상세하게 용량의 장점을 설명

5. 보다 상세하게 자유로움의 장점을 설명

6. 요약 : ABC 안테나의 세 가지 주요 장점

신기술을 창의적으로 사용해라

컴퓨터에 저장되어 있는 클립아트

클립아트(ClipArt)의 장점은 컴퓨터 디스크 공간을 매우 적게 차지하며, 빠르고 쉽게 다운로드할 수 있다는 것이다. 그러나 공교롭게도, 이런 이미지들은 흔히 볼 수 있는 평범한 것들이다.

이럴 경우, 그 이미지들을 분리시켜서 부분적으로 크기를 바꿔 자리를 옮겨 놓는 식으로 전체 분위기에 변화를 주도록 한다. 그러나 이렇게 하는 데는 어느 정도 시간이 걸린다.

영상 자료 CD ROM

해당 그림들이 CD-ROM에 벡터(vector)로서 표현되는 그림 라이브러리를 신중하게 선택한다면 그것들을 클립아트처럼 다룰 수 있다.

인터넷에서 그림 다운로드 받기 (또는 서적 및 잡지 스캐닝 하기)

대부분의 그림들은 소유권자가 있으며 저작권 위반의 경우, 비용이 많이 드는 소송으로 이어질 수 있다. 그러나 허가 사용은 일단 허가권자만 찾으면, 의외로 비용이 많이 들지 않는다. 그러므로 널리 알려지지 않은 그림들을 선택하는 것이 좋다.

(최근 한 전문 잡지 및 웹 사이트 상의 광고에 러시아 우주 비행사들이 그 회사의 로고와 경영자들의 이름이 새겨진 우주복과 헬멧을 착용하고 있는 사진을 게재한 적이 있었다. 그런데 한 달 후, 어느 제품 전시회에서 무려 4개 회사들이 자신들의 영상 자료에 이 아이디어를 '도용해서' 각색해 나왔다. 청중들은 이를 보고 매우 우습게 여겼으며, 결국 프리젠테이션 발표자들도 상당히 곤혹스러워 했다.)

예술가의 작품, 자신의 스케치, 아이들의 그림

컴퓨터로 이상의 것들을 스캐닝한다. 그러고 나서 이미지들을 슬라이드 쇼에 삽입하거나 웹 사이트에 올려놓기 쉬운 포맷으로 변환한다 (이때, 다른 사람들이 도용하는 것을 원하지 않는다면, 어떤 방식으로

든 소프트웨어 보호 장치를 해둘 필요가 있다).

그림은 아주 적게 사용해야 한다. 그렇게 해야 효과가 더 커진다.

장비를 조심스럽게 다루어라

OHP를 사용할 계획이라면, 프리젠테이션 시작 전에 전원 ON/OFF,

유의할 점 What this means to you

다음과 같이 진지하게 자문해 본다. 프리젠테이션의 요점을 사람들이 기억하고 싶어할까? 만약 대답이 '아니다' 라면, 요즘 청중들이 흔히 보아온 많은 프리젠테이션의 아이디어들처럼 모두 똑같은 방식으로 그림을 삽입하면 된다. 가령 표준 설계법으로 만들어진 컴퓨터 그래픽 패키지 상품들을 사용하면 쉽게 결과물을 얻을 수 있다.

그렇지 않다면, 대담해질 필요가 있다! 기억에 남을 만한 것을 선택하라! 시계를 거꾸로 돌려라! 유치해져라! 자신만의 방식으로 독특한 시각 정보를 만들어라!

초점, 푸른색-노란색 밸런스(blue-yellow balance), 예비 전구(운이 좋다면) 등의 스위치 및 손잡이를 확인한다.

발표자가 프리젠테이션에서 결정적인 순간에 컴퓨터 키보드에('Black'에 해당하는) B를 치는 버릇이 있다면, 청중은 발표자 자체에만 신경을 쓰게 되므로 화면은 쓸모 없어진다. 그 결과, 여러분의 말은 매우 강한 설득력을 갖게 된다. 이럴 경우에는, 쇼를 다시 시작하기 위해 의미 없이 B를 한 번 더 친다(어떤 발표자들은 프리젠테이션 중 적절한 시기에 어두운 단색 또는 회사 로고만 그려져 있는 '슬라이드'의 삽입을 사전에 계획해 두기도 한다).

프리젠테이션과 웹(Web)

인터넷을 사용할 수 있다

프리젠테이션에 앞서

청중의 흥미를 자극하기 위해, 다음과 같은 이메일을 보낸다.

- 여러분과 여러분의 팀이 우리의 프리젠테이션을 보는 데 30분을 투자할 것인가를 판단하기에 앞서, 아래 1분 버전의 파일을 열어 보세요.

1분 버전은 산만한 애니메이션이나 사운드트랙으로 가득 차 있어서는 안 된다. 깔끔하고 유용한 그래픽이 뒷받침돼 있는 단 세 구절로도 충분히 훌륭한 효과를 만들어 낼 수 있다. 참고로, 이것들은 매우 빠르고 쉽게 다운로드 받을 수 있어야 한다.

첨부 파일은 최소한 멋지게 준비한다

프리젠테이션을 하는 동안

연단에 서 있는 남자가 '소프트웨어 데모 프로그램(홍보할 때 사용하는 일종의 전시 프로그램) 여기 있습니다.' 라고 말하는 순간은 언제나 긴장된다.

마지막 순간에 기계 고장 같은 문제들은 청중들이 눈감아 줄 수도 있다. 그러나 이때 당신이 CD ROM에 모의 실험 데모 프로그램으로 자연스럽게 전환할 준비를 갖추었다면, 또는 다른 모든 방법이 실패한 경우, 꽤 오래된 OHP용 아세테이트 세트를 갖춘 모습을 보여준다면 아마도 청중들은 당신을 영웅처럼 생각할 것이다.

디지털 사고에 대비한다

프리젠테이션 후에

여러 문서들을 발송하는 것보다는 웹 사이트 주소가 적힌 카드 한 장을 건네는 것이 좋다. 그리고 그 카드에는 '프리젠테이션 버전이 내

일부터 이 사이트에 게재됩니다.' 라고 쓴다. 그렇다면 그 사이트를 방문했을 때, 청중들이 얻는 것은 무엇인가?

중요한 건 다운로드와 파일 열기가 쉽고 빠르며 일단 그 프로그램이 열리기만 하면 금방 소화할 수 있다는 확신을 주어야 한다.

- 고급 모델 : 여러 가지 카메라 앵글과 음악을 함께 사용한 전문가 수준의 편집 영상
- 일반 범주 : 프리젠테이션을 하고 있는 발표자의 사진들, 완전 캡션과 애니메이션을 갖춘 핵심 슬라이드 선정. 보다 자세한 정보로 링크
- 값싸면서 유쾌한 방법 : 커다란 화면상에 그들이 보았던 동일한 슬라이드들 각각에 몇 가지 키워드를 덧붙인다. '주석' 형식을 이용한다.

이것들은 절대 장식적이지 말아야 한다!

적합한 시각 교재는 이렇게 만든다

처음 떠오른 아이디어가 최상이 아니라는 것을 인정하라

어떤 화가도 '나는 정각 11시에 커피를 마시며 명상을 하고 11시 10분쯤 그림을 그릴 것이다.' 라고 말하지 않는다. 당신은 왜 남과 달라야

할까?

여러분이 말과 개념의 세계를 시각적 세계로 연출하고 있을 때는 초기에 쏟았던 땀과 노력을 포기할 준비를 갖추어야 한다.

상식적인 주장을 뒷받침하기 위한 기능적이고, 흥미를 끄는 도표가 자신이 원하는 전부라고 해도 창의적인 과정을 멈추지 않고 생각을 시작해야 것도 잊지 말아야 한다.

창의적 과정에 시간을 두어라

일반 메모장에 연필로 몇 가지 아이디어를 적어 둔다. 그것을 옆에 두고 잠시 다른 일을 한다. 화이트보드에 굵은 매직으로 새롭게 떠오르는 아이디어를 써 놓는다. 그것을 그대로 두고 점심식사를 하러 간다. 돌아와서는 다른 색깔의 펜과 종이를 사용해 처음 생각들을 수정한다. 집에 가서 그것을 머리맡에 두고 잔다.

대체로 조용한 시간은 '어느 정도 간격을 두기', '잠재 의식에 문제를 맡기기', '생각을 구체화하기' 등 여러 가지 유용한 기능이 있다.

색과 매체의 변화는 모든 시각화가 일어나는 우뇌를 즐겁게 하고 자극하는 좋은 방법이다.

이런 점에서 자유롭게 움직이는 우뇌를 이용하여 10분간 3번씩 행하는 창조적 회의는, 두 시간 동안 좌뇌를 이용하여 틀에 박힌 딱딱한 회의를 하는 것보다 신선한 아이디어를 만들어 낼 가능성이 월등히 높다.

창조적 아이디어를 작동하게 만드는 상대를 활용하라

친구와 함께 앉아 맥주를 마시며 이야기를 나눈다. 이때, 반드시 볼펜 한 자루와 메모를 할 수 있는 커다란 맥주 컵 받침을 준비해야 한다. 이들 컵 받침 중 하나가 여러분 회사의 다음 번 백만 달러짜리 광고 캠페인의 핵심이 기록될지도 모른다.

간단하고, 간단하고 또 간단하게

핵심 그림이나 도표는 기억을 돕는 보조 기구로서 설계되어야 한다. 즉 세부 사항들이 너무 많으면, 청중의 기억은 부가적인 정보는 물론 당신이 전하고자 하는 중심 생각과 함께 한꺼번에 밖으로 나가버릴지도 모른다.

당신이 너무 많은 것을 주었기 때문에, 난 아무것도 기억할 수 없다.

그림이 처음에 여러분이 의도한 것을 의미하고 있는지 확인하라

여러분이 전달하고자 하는 메시지를 알지 못하는 친구나 동료 한 명을 지목한다. 그가 그림의 의미를 파악할 수 있을 정도의 정황만을 이야기하는 식으로 언급하면서 여러분의 시각 정보 도안을 보여 준다. 그런 다음, 그에게 무엇을 보았고 그림을 어떻게 해석했는지 말해 달라고 부탁한다. 이때 그의 말을 경청해야 한다.

시각 교재가 잘못된 메시지를 전달하고 있거나, 애매모호한 의미이

거나 일반적으로 받아들여지지 않는 경우에는, 그것을 옹호하거나 정당화해서는 안 된다. 그리고 잘못된 점은 과감히 버리거나 수정한다. 잘못된 점을 과감하게 버리는 편이 어쩌면 더 나은 선택일 것이다.

초안을 계속해서 수정하라

아이디어가 효과를 발휘할 수 있을 것 같다면, 그에 대해 이모저모 생각해 본다. 이 경우 여러분은 다음의 몇 가지 중요 변수들을 적용해 볼 수 있다.

색 (크레용 상자에서 파란색을 고른다.)

형태 (하마 한 마리를 그린다.)

위치 (종이의 상단 오른쪽에 그린다.)

크기 (그 하마는 작고 뚱뚱하다.)

사무실 바닥에 여러 가지 각색한 그림들을 펼쳐 놓고 객관적으로 바라보면서 동료들에게도 의견을 묻는다.

제대로 변형된 그림은 다른 것들보다 더 강렬하고 깨끗한 인상을 줄 것이다. 그러고 나서 마지막 제작물에 적용할 그림 하나를 선택한다. (이때, 여러분이 선택한 그림을 회사의 제도실이나 그래픽 디자인과로 넘긴다면, 그들에게 자세한 설명을 해주고 이미지를 만들어 줄 것을 강조해야 한다. 그리고 여러분이 뒤돌아서는 순간 그들이 그림을 '개

량하는' 일이 없도록 한다).

최종 결과물이 보기 쉬운지 확인하라

OHP 슬라이드를 사용할 예정이라면, 책꽂이 위의 아세테이트를 세워 네 걸음 정도 떨어진 곳에서 그 라벨을 읽을 수 있어야 한다. 휴대용 컴퓨터 화면을 이용해, 네 걸음 떨어진 위치에서 이와 똑같이 실험해 본다. 만약 글씨가 너무 작아서 제대로 볼 수 없다면, 그것을 스크린에 비추었을 때, 청중석 뒷줄에 앉은 사람들이 눈의 피로와 통증을 호소할 것이다.

이보다 잘 보이는 경우라 해도, 책꽂이 위에 그것을 놓고 동료에게 읽어보라고 부탁한다. 우려할 부분이 있다. 여러분은 무엇이 씌어 있는지 이미 알고 있기 때문에, 거리에 상관없이 읽기 쉽다고 쉽게 확신할 수가 있기 때문이다.

인쇄 글자는, 표제는 36포인트, 나머지는 28포인트로 할 것을 권장한다.

뚜렷한 색상 대비가 바람직하다. 흰색이나 노란색 바탕에 검정이나 진청색, 또는 그 반대로 검정이나 진청색 바탕에 흰색이나 노란색을 택하는 것이 좋다. 빨간색은 인쇄 페이지 상의 가까운 범위에서는 극적인 느낌을 주지만, 좀 떨어져서 보면 그런 효과가 저하되는 경향이 있다.

여러분이 컴퓨터와 컬러 프린터를 가지고 있는 경우, 소프트웨어의 컬러 팔레트를 여러 가지 방식으로 실험해 보고 싶을 것이다. 만약 여러분이 다음과 같이 무언가를 그리고 있는 중이라면,

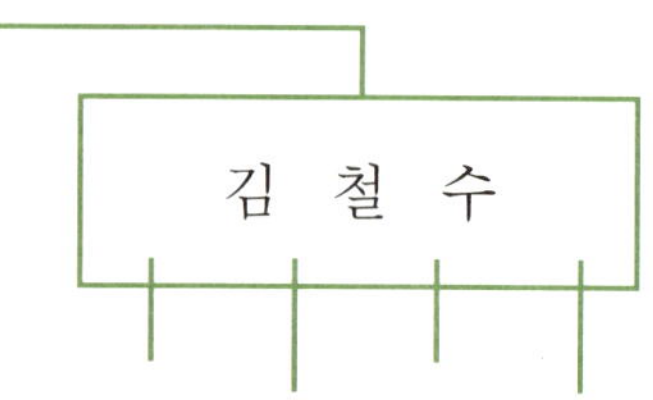

문장(紋章)에서 색상 원칙

중세에는 갑옷과 투구로 무장한 기사는 아군인지 적군인지 구분을 못했다. 그래서 갑옷 위에 겉옷을 걸치고 문장을 새긴 방패를 지니고 다녔다. 그 문장은 아주 먼거리에서도 구분될 수 있어야 했다. 왜냐하면 화살은 강하고 정확하게 맞추었기 때문이다.

문장의 규율은 당시 전문의들이, 사람의 눈이 작용하는 원리, 특히 어느 정도 거리에서 물체를 분명하게 볼 수 있는가에 대해 매우 잘 이해하고 있었다는 사실을 입증한다. 그들이 적용했던 원리는 최대 대비였다.

문장법에는 빨간색, 파란색, 검은색, 녹색, 보라색으로 이루어진 다섯 가지 주요색이 있고, 금(노란색)과 은(흰색)이라는 두 가지 금속성 색이 있다. 금속성 바탕색에서는, 한 가지 색만을 사용할 수 있고, 채색된 바탕에는 오직 한 가지 금속을 사용할 수 있다. 금속 바탕에 금속인 경우나 채색 바탕에 채색이 있는 경우는 모두 허용되지 않는다.

절대 빨간색으로 박스를 모두 다 채우지 말고 보라색으로 김철수의 이름만을 인쇄하면 된다. 이렇게 하면 그의 이름은 거의 눈에 띄지 않을 것이다.

말을 간단한 그림으로 바꾸기

'그 부서에 처음 임명되어 갔을때, 나는 불신과 반목의 분위기와 마주해야 했다.'

'우리 모두 살아남기 위해서는, 한 팀이 되어 서로 뭉쳐야만 한다.'

수치를 그림으로 바꾸기

'세계 전체 인구 중 20%가 세계 총 자원의 80%를 소비한다.'

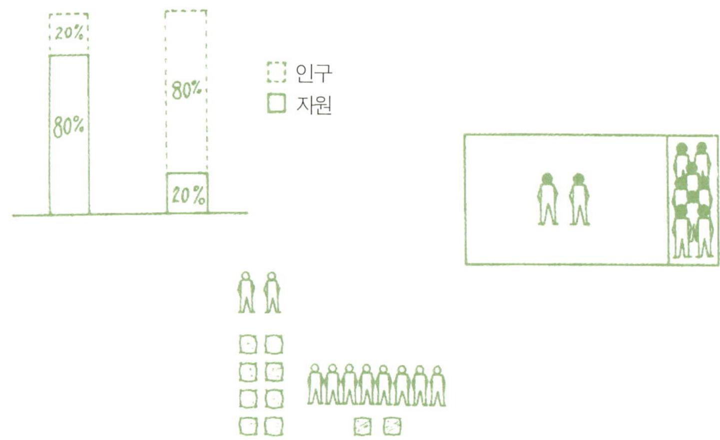

이와 같은 그림은 모두 동일한 상황을 설명하고 있다. 어떤 것이 여러분에게 가장 적합한가? 결국, 이것은 주관적인 문제이다. 다시 한 번, 그 의미가 명확한지 확인하기 위해 다른 사람들의 의견을 조사한다. 결코 다음 그림과 같아서는 안 된다.

3호 병실은 왼쪽인가, 오른쪽인가?

그러나 아래 그림은 명확하며 간단하다.

이 그림은 자극적인 요소를 가지고 있는데, 그 이유는 보는 사람이 머릿속에서 산수놀이를 하도록 그렸기 때문이다.

청중들은 발표자가 자신들의 머리 회전을 위해 약간의 과제를 남겨

주는 것을 선호한다. 앞의 그림은 피카소의 작품인 돈키호테와 산초 판자 그림이다. 중심에 있는 풍차와 태양이 얼마나 초보적인 수준인지 살펴보자.

이제, 산초 판자의 당나귀를 좀더 자세히 살펴보자. 다리가 세 개뿐이다. 피카소는 이것이 확실히 당나귀(귀가 긴 서 있는 동물)라는 충분한 정보를 여러분에게 제공해 주고 있다. 그리고 감상자 스스로의 자각 수준 이하의 세부적인 것들로 나머지 부분을 채우도록 만든다.

> ### 유의할 점 What this means to you
>
> 시각 교재가 다음과 같은지 확인해 본다.
>
> #### 명확성
>
> 보기 쉽고, 이해하기 쉽다.
>
> #### 간결성
>
> 장식이나 난잡함이 완전히 배제한다.
>
> #### 자극성
>
> 청중이 할 수 있는 것에 대한 여지를 남긴다.

선택한 그림이 메시지를 뒷받침하게 만드는 방법

명확한 메시지로 시작하라

왜곡된 생각으로 명확한 그림을 그리기란 매우 어렵다.

다시 말해, 여러분의 생각이 간단하고 명료한 그림으로 표현될 수 없으면, 그것은 핵심이 부족한 생각에 지나지 않을 것이다.

또 다른 말로 바꾸어 이야기하자면, 좋은 생각이란 강한 인상을 남기는 이미지로 쉽게 변환된다.

대다수 경영 아이디어에 대한 엄밀한 검사는 '우리가 이것을 어떻게 전달하는가?' 라는 문제를 토론하는 미팅에서 이루어진다.

쉽지 않다는 사실을 받아들여라

직업적인 홍보업자 및 광고 전문가들은 당연히 높은 보수를 요구한

<table>
<tr><td>연습 문제</td><td>Exercise</td></tr>
</table>

다음 각각의 아이디어들을 설명하기 위한 대강의 스케치를 그려보자.

· 건강을 유지하는 것은 몹시 따분할 수 있다.

· 어머니의 생신 때마다 전화를 드린다.

· 저축한 동전 한 닢은 벌어들인 동전 한 닢이다.

· 우리 부서는 과도한 업무와 자원 부족 상태에 직면해 있다.

· 우리 고객들은 신제품을 간절히 기다리고 있다.

다. 여러분의 아이디어가 잊혀지지 않는 그림으로 표현해내는 일은 상당히 힘들고 머리 아프다. 이는 직접적인 훈련이나 교육으로서 터득할 수 있는 기술이다.

중요한 점을 뒷받침해 주는 강한 이미지를 사용하라

지금까지는 전달하려는 주요 메시지를 강화하기 위한 이미지의 힘을 높이 평가했다면, 이제는 그 메시지를 손상시키거나 청중의 주목을 분산시키는 대립적 이미지의 힘에 대한 경고도 생각해야 한다.

가령 프리젠테이션을 하는 동안 세 가지 핵심 사항을 제시한다고 가정해 보자. 우선 시각 교재를 전혀 사용하지 않고 처음 두 가지 사항을 전달한 다음, 세 번째 사항에서는 인상적이게 잘 만들어진 그림 하나를 보여 준다. 그렇게 하면 청중은 다른 두 가지 상황보다 마지막 세 번째 포인트를 보다 확실하게 기억할 것이다.

그러나 대차 현금 유출입 예상 그래프를 보여주고 나서, 태평양의 일몰을 찍은 컬러 사진을 바로 내보내는 것은 매우 치명적이다.

여러분이 만든 시각 자료에 대해 자부심을 가져라

유년 시절, 강제적 교습법에 길들여진 수많은 사람들은 자신의 ‘예술적’ 작품을 남 앞에 드러내 보이는 것을 달가워하지 않는다.

프리젠테이션 연단에서 발표자의 이런 겸연쩍은 모습은 종종 청중에게 '내가 이 프리젠테이션을 만들었는데, 이것이 실제로 적절한 슬라이드가 아니라서 유감스럽다'라는 식의 미약한 사과를 나타낸다. 그러나 여러분이 열심히 노력해서 창의적으로 만들었고, 그 시각 교재에 대한 청중의 테스트를 받았다면, 미온적인 태도는 잘못된 것이다. 따라서 이제는 다음과 같이 말해 보자.

- 저는 이 그림이 제가 전달하려는 메시지를 제대로 요약했다고 생각합니다. 그러니까 잠시나마 여기에 주목해 주실 것을 부탁드립니다.

또는,

- 제가 오늘 여러분과 함께 떠나고 싶은 이미지 하나가 여기에 있습니다.

실례가 되는 일화

어느 잡지사에서 칵테일 파티가 열린 날, 그 회사의 편집국장은 처음으로 그곳에 참석한 만화가들 중 한 명을 만났다.

편집국장 : 지난 번 자네가 우리를 위해 그린 만화를 자세히 살펴

다음과 같이 스스로 자문해 본다.

- 프리젠테이션에 사용한 짧은 문장에서, 청중이 어떤 생각을 하기를 바라는가.
- 그러한 생각을 간단한 그림으로 그리기 위해 여러분이 할 수 있는 것을 모두 해본다. 어느 정도 성과를 거두면, 그 그림의 명쾌함은 여러분이 선택한 말의 설득력으로 되돌아올 것이다. 또한 자신감이 생기고 그림 자체가 청중의 기억 속에 새겨질 것이다.
- 여러분은 이로써 엄청난 효과를 만들어 낼 수 있다.

보았네. 그 만화는 단 여덟 번의 필치가 전부이더군. 그런데도 우리 회사는 당신에게 3천 달러나 되는 돈을 지불했네.

만 화 가 : 제가 단 일곱 번의 필치로 똑같은 재미를 만들어 낼 수 있었다면, 아마도 5천 달러를 청구했을 겁니다.

시각 교재를 다루는 법

죽은 나뭇가지는 잘라 버려라

여러분이 청중의 일원으로 프리젠테이션에 참석할 때 한 프리젠테이션 발표자가 양손 가득 OHP 슬라이드를 들고 무대에 올라와 있다면 어떤 느낌이 들겠는가?

흐뭇한 기대감? 흥분되는 기대? 처지는 기분과 '저기 또 다른 인간 스트로보(일종의 촬영장치)가 온다.' 라는 식의 야유?

'시의 적절할 때 유용하게 쓰게 될' 몇 개의 슬라이드를 챙겨서, 여러분은 프리젠테이션을 위한 장소로 가기 위해 몇 가지 필요한 물건을 준비하게 된다.

회의가 시작되기 전에는 숙소에서 준비한 20개의 슬라이드를 꺼내 방바닥에 펼쳐놓는다. 그리고는 그것들을 다음과 같이 세 개의 파일로 분류한다.

보여 줄 필요가 있는 것	보여 주면 좋은 것 (예상컨대)	전혀 보여 줄 필요가 없는 것
1	4	14

첫 번째 파일은 손에 들고 연단에 오른다. 두 번째 파일은 문답 시간에 유용하게 사용될 수도 있으므로, 서류 가방 안에 넣어 가지고 간다. 마지막 세 번째 파일은 여행 가방 안에 든 지저분한 빨랫감 속에 숨겨 둔다(소프트웨어 패키지에 내장된 '숨기기' 기능을 이용해서 이와 동일하게 적용할 수도 있다).

화면상의 글자를 읽기 쉽게 하라

가능하다면, 실제 상황에서 시각 자료를 테스트해 본다. 자료를 화면상에 띄우고 프리젠테이션 장소의 맨 뒤로 가서 모든 사람들이 실제로 이것을 볼 수 있을지 확인한다.

시각자료를 보기에 불편한 자리라면, 그 곳에는 사람들을 앉히지 않는다.

쓰레기를 버려라

회의실을 겸한 많은 호텔들과 사내 교육 센터들은 다음과 같은 장치들을 가지고 있다.

- 무선 마이크 (통통-쉬이쉬이-잠잠함)
- 레이저 포인터 (와들와들 떨림-흔들림-갑작스런 움직임)
- 원격 조절 비디오 콘솔 (이것은 일시 정지가 아니다. 빨리 감기 기능이다)
- 이런 것들을 사용하도록 설득하고 싶은 열렬한 보조자들

그러나 정중하게 웃는 얼굴로 이것들을 거절한다. 화이트보드 또는 플립차트와 이미지를 투사할 설비만 있으면 된다.

시각 자료가 말하게 만들어라

정중하게……

- 멋진 그림을 보고 있는 동안은 조용히 하라.

그래픽 화면이 진행되고 있거나, 이제 막 플립차트의 다음 장을 보여 주었거나, 또는 새로운 요트놀이 정박지의 예정 모델을 발표하고 있을 때는 한발 물러서서 청중을 향해 조용히 서 있는다. 청중은 새로운 정보에 어느 정도 안정감이 느껴질 때까지, 즉 여러분이 그림에 관한 해설을 시작할 준비가 되어 있을 때까지 면밀히 살펴볼 것이다. 그리고 그들은 이러한 준비를 마치면, 여러분을 바라볼 것이다. 청중들 대부분이 여러분을 바라보면 그때 이야기를 시작한다.

이 시간은 여러분에게 상당히 길게 느껴질 뿐만 아니라 아드레날린도 마구 분비되어 몸 전체 조직이 몹시 조급한 상태가 된다. 따라서 이러한 작업은 말처럼 그리 쉽지가 않다.

> **유의할 점** What this means to you
>
> - 장비나 시각 자료가 아닌, 자신을 관리해야 한다.
> - 청중이 자신에 대한 신뢰를 가지기 원한다면, 자신이 스스로를 관리한다는 모습을 분명하게 보여 주어야 한다.

국제 무대 : 그림

여러분이 어떤 것을 설명하거나, 누군가를 설득하려 할 때는 청중의 경험이나 연령에 맞추어야 한다. 예컨대, 은행지점장과 10대 딸아이에게 말하는 방법이 각각 다르듯 말이다.

그러나 국제적 비즈니스 시대인 요즘, 냉난방 장치가 잘 돼 있는 한 회의실에 정장이나 골프 스웨터를 입은 다양한 청중들 앞에 선 발표자는 그들이 매우 다른 배경을 가지고 있다는 사실을 망각하기 쉽다.

지나친 걱정은 금물이다

국제 비즈니스 사회에 알맞은 행동 양식이 있다. 그것은 바로 '힐튼 문화(Hilton Culture)' 이다.

이런 클럽에서 점잖고 적당하게 예의만 갖춘다면, 매너를 지키는 일이 그리 어렵진 않다. 즉 정중하게 처신하면서 분명하게 말을 한다면, '외국인들' 로 구성된 청중들은 발표자를 편안하게 느낄 것이다.

그러면서 여러분이 신경 쓰는 것을 보여 주기 위해서는 지역적 감수성에 자신을 맞추는 것이 무엇보다 중요하다. 가령 일본인이 비즈니스 카드를 건네주었을 때는 크게 경의를 표하면서 받는다. 또는 스위스 식당에서 와인 잔을 다루는 방법을 알고 있다면, 모든 사람들이 여러분에게 호감을 가질 것이다.

그리고 최종 기한이나 시간표와 관련된 불필요한 압박감을 주는 요

소를 피한다면, 이슬람교도 청중들에게도 여러분의 프리젠테이션은
보다 흥미롭게 다가갈 수 있다.

상징 ('의미' 에 해당하는 장식적인 말)

메시지 전달을 위해 시각 자료를 사용하고 있다면, 그 내용이 전달자
의 입에서 나옴과 동시에 수신자에게 제대로 접수되었는지를 확인한다.

어떤 문화권에서는 글을 읽는 방향이 오른쪽에서 왼쪽으로 읽어나
가기 때문에, 앞에서 보듯이 ACME 소화제를 선전하는 메시지가 제대
로 전달되지 않는다.

영국의 한 남학생이 산수 숙제에 대한 점수를 보고 매우 흡족해했다.

그러나 스웨덴에서는, 체크 표시( )와 십자 표시( )의 의미가 정반대로 통한다.

그러므로 이 그림은 '우리가 장비를 설치하는 데는 시간이 걸리며, 유지 보수 비용이 비싸다. 그래서 당신에게는 그다지 효용이 없다.' 라는 잘못된 메시지로 전달된다.

유의할 점 What this means to you

이야기할 대상의 국민에게 시각 자료가 적합한지 체크해 보고, 다음과 같이 자문해 본다.

이것은 어떠한 의미를 담고 있는가? 만약 그렇다면, 그 의미는 무엇인가?

무언가 잘못되었다면, 메시지를 전달하는 대안적인 시각 자료를 찾기 위해 그 국민과 함께 일해 본다.

함축성과 연관성 (생각나게 하는 것)

어떤 컴퓨터 회사의 영업부가 만화를 삽입한 슬라이드를 만들었다.

이 만화에는 채찍과 따발총을 들고 서커스 무대의 중심에 서 있는 사자 조련사와 작은 단 위의 링 앞에 줄 서 있는 수많은 사자들이 그려져 있었다. 이 아이디어는 메인 컴퓨터 프로그램(사자 조련사)이 보조 루틴들(사자 무리)을 정확히 제어하고 있다는 의미였다.

그러나 이 시각 자료는 아프리카 어느 국가의 민간 봉사 조달청을 대상으로 한 프리젠테이션에서는 그야말로 실패작이된다. 그들에게 사자의 의미란, 식민지 군복을 입은 백인에 의해 정복당한 국가의 상징이었다.

서유럽이나 북아메리카의 경우에는, 쥐를 그리는 데 서투른 발표자가 있다면, 그 그림에 치즈 한 조각을 그려 넣어서 더욱 쥐처럼 보이게 만들어도 괜찮다. 그리고 그 치즈 안에 큰 구멍을 그려서 치즈를 더욱 치즈처럼 보이게 해도 된다.

세계 여러 지역에선 대부분 치즈는 구멍이 없는 부드럽고 매끈한 음식이며, 쥐 또한 곡식만을 먹는다고 알려져 있다. 그런가 하면 서양에선 돼지 저금통을 돈과 저축, 근검 절약의 상징물로 본다. 이런 풍습은 돼지를 불결함의 상징으로 여기는 나라에서는 인정되지 않는다.

거듭 말하지만, 프리젠테이션을 앞두고 있는 사람이라면 해당 지역의 특정한 문화를 꼭 확인하기 바란다.

상징에 관한 사전은 대다수의 나라에 걸쳐 존재하지만, 일반적으로 사람들은 자신에게 주어진 상징물의 의미만을 정의하거나 설명한다. 그래서 위대한 종교적 의미를 담는 고대 상징 표시인 만자(卍)(Swastika : 십자가의 변형)의 표현법은 오직 마지막 단락에서만 나치즘에 대한 언급을 간단히 한다. 그런데 이러한 상징물들의 거대한 함축성과 연관성들은 학문적으로 규명하기 어려운 경우가 많다.

이런 경우에 생소한 그 지역의 문화를 올바로 이해하는 좋은 방법을 살피고자 한다면 그 지역의 TV 광고를 보거나 신문 및 잡지를 훑어보는 데 시간을 투자하는 것이 좋다.

3

청중의 생각 움직이기

청중의 생각을 움직일 수
있는 것은 무엇인가?
- 고도의 테크닉보다 친밀감 있는 이야기로 다가가라

이야기 속에 정서가 들어있다

이미 알고 있는 이야기가 화면에서 다르게 각색된 것을 보면, 불쾌감을 느낄 수 있다. 즉 '저 지하 감옥 장면은 그리 음산하지 않은 곳인데.' 라든가, 'Pickwick 씨가 저보다 훨씬 뚱뚱한 사람인 줄 알았는데.' 혹은 '그녀는 내가 생각했던 Fairy Godmother(옛날이야기에 나오는 주인공을 돕는 요정)와 전혀 딴판이야.' 라고 생각할 수 있다.

우리는 마음속에서 이런 그림들과 특별한 관계를 맺고 있다.

예를 들어 청중의 마음 속에 마이클 잭슨이라는 그림을 떠오르게 하기 위해서는, 굳이 마이클 잭슨의 사진을 보여주지 않아도 된다. 단지 '마이클 잭슨' 이라는 말만 해도, 청중은 즉시 이미지를 떠올릴 수 있기 때문이다.

그러나 정신적 이미지는 완전한 그림이라 할 수 없다. 왜냐하면 청중은 머리 모양과 댄스 스텝 그리고 화려한 장갑만을 떠올릴 것이기 때문이다.

이것은 청중의 그림이다. 이러한 작용은 종종 발표자인 여러분이 그에게 그림을 맞추는 것보다 더 유리한 상황을 만들어 준다.

여기서 다시 자신에게 귀 기울이고 있는 청중의 마음 속에 하나의 그림을 그려 넣고 있는 안토니우스의 이야기로 돌아간다.

- 만약 여러분들께 눈물이 있다면 지금이야말로 눈물을 흘릴 때요.
- 여러분은 이 외투를 아실 거요.
- 나는 시저가 이 외투를 처음 입던 날을 기억하오.
- '어느 여름 날' 저녁 군막 속에서
- 너비 족을 정복하던 바로 그 날 말이오.

말로 자극하여 청중들의 상상 속에 어떤 그림을 떠올리는 능력을 시각화(視覺化)라고 한다. 물론 어떤 사람들은 이 능력에 탁월한 재능을 보이기도 한다. 사고가 가능한 사람이라면 누구든지 이러한 능력을 어느 정도 가지고 있다.

예를 들어, 엔지니어링과 관련된 사람들, 특히 소프트웨어 라이터들은 우뇌를 이용하는 것을 처음에는 내켜 하지 않았다. 그러나 그런 사람들이 청중 속에 포함되어 있더라도, 그들에게 하나의 이야기를 해주면, 그들 역시 시각화되어 여러분의 이야기를 보다 잘 기억할 수 있을 것이다.

일화나 설화, 무용담 등의 이야기를 들을 때는, 그 이야기를 이해하기 위해서 마음 속에 그 장면들을 점진적으로 시각화한다. 라디오 프로듀서들은 이를 '마음의 연극(The Theater of the Mind)'이라 부른다.

시각화의 속임수는, 이야기를 모든 문화권에서 받아들여질 수 있는 요소가 되도록 만든다. 다시 말해, 시각화는 일종의 장난이다.

아주 오래 전, 여러분이 어린아이였을 때 들었던 이야기는 아무런 줄거리가 없는 최근의 그 어떤 프리젠테이션보다 훨씬 더 생생하게 기억날 것이다.

이야기는 종족(種族)의 역사에 중요한 역할을 한다. 즉 문명 시대 이전에는, 이야기란 윤리 규범과 법, 종족의 정체 의식에 관한 것들을 전달하기 위해 이용되었다. 사실, 「베어울프(Beowulf)」, 「아서 왕」, 「바그다드 도둑 이야기」는 본래 아이들을 대상으로 만들어진 것이 아니었다.

어떻게 유용한 이야기를 상대에게 전하나

'해리가 정말 대단한 이야기를 들려준다.'며 호언장담하는 의미에서 '대단한 이야기를 말하는 방법'은 이 책에 제시되어 있지 않다. 그런 대단한 이야기를 말하는 방법에 대한 기술이 적힌 모파상이나 멜빌의 이야기 책들은 시중에 산재해 있다.

이 책에서는 프리젠테이션 준비에 관한 내용이므로, 여기서 '유용한'이라는 말은 '자신이 말하려는 것들을 청중에게 기억시키는 데 도움이 되는' 것으로 정의한다.

여러분의 이야기가 청중에게 기억되도록 하기 위해서는 다른 분야를 잘 떠올려야 한다. 이와 관련해 다른 분야에서 차용한 몇 가지 기술들을 다음에 제시하였다.

청중의 경험에 가까운 이야기를 하라

영국 북부의 노동 조합원들 앞에서 연설하고 있다면, 그들은 시드니의 명랑한 디스코 이야기로 시작되는 프리젠테이션에 호의적이지 않을 것이다. 그러나 결혼한 지 얼마 안 되는 여자에게 산부인과 병원에 관한 이야기를 한다면 그들은 이를 뒷받침하는 구체적인 이야기들을 머리 속에 생생하게 그려가며 들을 것이다.

그런가 하면 아이들은 치정(痴情)에 얽힌 원한 살인에 관한 이야기에 열중하지 못하지만, 농부들은 혹한(酷寒)에 관한 이야기에 진심으로 공감할 것이다.

옛 이스라엘 시대에 양치기, 상인, 어부, 군인들은 자신들의 처지와 같은 사람들에 대한 간단하고 기억하기 쉬운 이야기들을 좋아했다.

그래서 예수 그리스도는 그의 전도 행위에서 알 수 있듯이, 이스라엘 인들의 성향에 정확히 맞추어 이야기하는 법을 알고 있었다.

사람들을 이야기 중심에 놓아라

이보다 더 좋은 방법은 소설 속의 주인공과 같은 중심 인물에 관한 것이다.

『아버지와 아들(Fathers and Sons)』이라는 작품의 탐 존스(Tom Jones), 캔디드(Candide), 바자로브(Basarov)와 같이, 한 인물의 모험을 묘사한 작가들은 우리에게 전사회적 체계에 대한 놀라운 안목을 제시해 주었다.

그러므로 '한창 바쁜 기간에는 혼잡한 공항에서 비행기를 갈아타는 승객들에게 어려움이 뒤따릅니다.' 라는 말보다, '밀라노에서 출발하는 런던 경유 토론토 행 비행기로 원거리 여행을 할 때는, 쉬는 시간이 딱 한 번 있습니다.' 라고 말하는 것이 좋다.

여러분이 만든 인물에 이름을 부여하라

동화 작가들의 기술을 차용한다

어린 시절에 읽었던 책이나 비디오로 거슬러 올라가 보자. 얼마나 많은 인물들의 이름을 기억할 수 있는가? 이 인물들의 명단은 의외로 길다.

어떤 경우에는, 그 이야기의 줄거리보다 주인공의 이름이 오히려 더 쉽게 기억날 수도 있다. 또는 그 주인공의 이름을 통해 줄거리를 기억할 수도 있다. 『헨델과 그레텔』의 이야기는 그런 이야기들 가운데 단연 으뜸이다. 나무로 된 다리와 앵무새를 빼면 롱 존 실버(보물섬에 나오는 해적)라는 늙은 해적의 모습을 떠올릴 수가 없다.

『피노키오』의 경우 코가 긴 나무목각 인형의 이야기도 마찬가지다.

예컨대 '내 친구는 2주 전에 아주 재미있는 경험을 했어. 그가 여행하고 있었는데……' 라고 말하지 말고, '조 켈리라는 내 친구가 있는데 말이야. 너희들 중에 그 친구를 아는 사람이 있을지도 몰라. 몸집이 크고, 골프에 미쳐 있는 애인데…… 아무튼, 조 켈리가 여행 중에……' 라고 말하는 것이 좋다.

기본적 감정에 호소하라

심리학자들이 제시하는 모델을 차용한다

오하이오 주립대학의 심리학 교수 스티븐 레스(Steven Reiss)는 인간의 기본적 감정을 15가지 기준으로 하여 요약하였다. 그는 이런 욕구 및 기준들 가운데서 세 가지만이 후천적 교육을 통해 형성되고, 나머지는 선천적으로 타고 난다고 말했다.

후천적 교육을 통해 형성되는 정서는 다음과 같다.

- 시민정신 : 사회봉사 욕구

- 독립심 : 스스로 결정하려는 욕구

- 거부 : 사회적 고립에 대한 불안

다음은 선천적인 욕구들이다.

- 호기심 : 알고자 하는 욕구

- 배고픔 : 먹고 싶은 욕구

- 도의심(道義心) : 도덕적 행위 규범에 따라 행동하려는 욕구

- 성욕 : 성행위와 성적 환상을 좇는 욕구

- 육체적 운동 : 신체 활동에 대한 욕구

- 질서 : 일상 생활의 조직화를 추구하는 욕구

- 복수심 : 타인에 의해 화가 났을 때 복수하려는 욕구

- 사회적 친교 : 타인들의 무리에 속하고자 하는 욕구

- 가정 : 자신의 가족 및 친척들과 시간을 보내고 싶은 욕구

- 사회적 명성 : 지위와 주위의 주목에 대한 욕구

- 혐오감 : 고통이나 불안을 싫어하는 감정

- 권력 : 사람들에게 영향력을 행사하고자 하는 욕구

이상을 참고하여 자신의 메시지를 다시 살펴본다. 즉, '여기 몇 가지 정보가 있습니다.' 라는 말보다는 '당신의 호기심을 만족시켜 드리겠습니다.' 라는 말이 더 낫다. 또한 '보다 자유로운 시간을 누리세요.' 라고

하기보다는 '가족과 함께 더 많은 시간을 즐기세요.' 라는 표현이 더 좋은 반응을 얻을 것이다.

이야기에 분명한 교훈을 담아라

여러분의 이야기는 이로운 점에 초점을 맞추어야 한다. 즉 화면상의 강렬한 그림처럼, 이야기가 청중의 기억에 오래도록 남아서 여러분이 전달하려는 메시지와 연관시켜 볼 수 있어야 한다는 점을 명심한다.

우리는 이솝 우화에 나오는 「토끼와 거북이」의 이야기를 '느리지만 한결 같은 것이 결국은 승리한다.' 라는 메시지로 재구성할 수 있다.

또한 라 퐁텐의 「여우와 까마귀와 치즈」의 이야기에선, '자만심이 갖는 위험성에 대한 경고' 를 받는다.

이야기를 다 마쳤을 때는, '이 이야기의 교훈은……' 라고 언급함으로써, 전달하려는 요점을 강화시켜 준다.

청중들이 할 일을 남겨 두어라

'영국 인, 아일랜드 인, 스코틀랜드 인 이렇게 세 사람이 나룻배를 기다리고 있었습니다.' 라고 호텔 바의 재담꾼은 이야기를 시작한다. 그러나 우리에게 스코틀랜드 인의 킬트(스코틀랜드 고지의 민속 의상)가 어떤 무늬 옷감으로 만들어져 있는지 말해 주진 않는다.

즉 그들은 불필요한 세부 사항들은 배제하고 색에 대해 약간만 언급하여, 청중 개개인이 자신들의 상상력으로 나머지 부분을 메울 수 있도록 여지를 남긴다.

생생하게 이야기를 전달하라

입담을 주로 하는 희극 배우들의 스타일을 차용한다

많은 언어들이 이른바 '극적 현장감' 을 사용한다.

예를 들어, '그래서 난 도박장 밖 모퉁이에 서 있고, 중절모를 쓴 녀석이 나에게 다가와서는 말한다.' 와 같은 표현에서 '있고, 와서는, 말한다' 와 같은 현재 시제의 사용은 즉각적인 흥미로움을 준다.

입담을 주로 하는 희극 배우들은 이런 극적 현장감을 주로 사용하여 자신들의 소재를 전달한다. 여러분 역시 이처럼 이야기를 한다면, 청중은 이야기 진행에서 생동감 넘치는 분위기를 느낄 수 있을 것이다.

잠자는 아이에게 들려주는 게으른 아빠의 이야기 방법

아빠 : 좋아, 내 아들, 꿈나라로 가기 전에 딱 한 가지 이야기만 들려주마. 자, 산과 숲 아니면 강 어디가 좋을까?

아이 : 숲이요!

아빠 : 숲이라. 아빠가 숲에 대해 말해 달라고 부탁할 참이니까, 잠깐 생각해 보렴. 자, 우리는 마녀, 토끼, 캐나다의 왕실 기마 경관 중 어떤 것이 필요할까?

아이 : 기마 경관이요!

아빠 : 그의 이름이 뭘까?

아이 : 위즈우즈!

아빠 : 맞아. 위즈우즈 경관은 말을 타고 숲으로 들어갔어. 그곳은 어떨 것 같니?

아이 : 숲 속은 온통 어둡고, 축축하며 끈적거려요.

아빠 : 이제 뒤로 돌아갈 거야. 우선, 우리는 위즈우즈가 어둡고 축
축하며 끈적끈적한 숲으로 가는 이유를 알아야 해.

아이 : 그곳에 치과 의사가 살고 있기 때문이에요. 위즈우즈는 치통
을 앓고 있거든요.

이하 생략

위 이야기에서 알 수 있듯이 시각 자료는 기억하기가 쉽다. 그러므
로 이야기야말로 청중들 기억 속의 시각적인 부분에 호소하는 좋은 방
법이 된다. 이외에 다른 것이 있다면, 청중들은 발표자가 감정을 어느
정도 내보이는 것을 좋아한다는 것이다.

감정을 좋은 효과로 활용하기

프로 의식을 가져라

다양한 일터에는 강력한 억압의 요소가 존재한다. 그러나 모든 사람
들이 의좋게 살아가고 좋은 결실을 맺을 수만 있다면, 회사에서 우리
가 분노의 감정이 표출될 리 없다.

평가와 보상에 관한 시스템은 침착하면서도 이성적인 행동을 장려
하는 경향이 있다. 이와는 반대로 '귀에 거슬리는' 말이 있다.

많은 사람들은 공적인 업무에 감정이 수반되는 것은 프로 정신에 어

긋난다고 생각하면서 일한다. 그래서 은행 지점장의 사무실이나 의사의 진찰실, 대학 교수의 연구실과 같은 곳에서는 감정이 노출될 여지가 전혀 없다.

그러나 노련미가 있는 원숙한 의사 전달자는 이러한 금기 사항에서 한 걸음 더 나아가 자신의 일터로 감정을 이입시켜서 보다 큰 설득력을 갖게 만든다.

예를 들어 담당 은행 지점장이 '손님의 입장에 서서 많은 생각을 해보았습니다. 즉 손님의 사업이 날로 번창하는 것은 저에게 매우 큰 기쁨이었습니다.' 라고 말한다면 여러분은 어떤 느낌이 들겠는가?

또는 의사가 '지금까지 오랜 세월 동안 당신을 알고 지냈소. 나는 정말 당신의 건강에 대해 염려하고 있소. 당신이 먹고 마신 대단한 술과 담배량이 당신 자신을 파멸시키는 것을 차마 보고 있을 수가 없소.' 라고 말한다면 어떻겠는가?

또 지도 교수가 '올해에 학생 성적이 좋지 못한 이유는 적절하지 못한 학과 과정을 수강했기 때문이네. 자네도 알고 나도 알다시피, 자네가 나에게 '제가 그 과목을 정말 좋아했지만…….' 이라고 변명한다면, 오히려 난 더욱 당황스러울 걸세.' 라고 말한다면 어떨까.

은행지점장이나 의사, 그리고 지도교수가 이런 말들을 한다고 프로 정신이 결여되었다고 볼 수 있을까? 성의 없거나 부적당한 이해심이 바탕이 되었을 경우라면 몰라도 말이다. 그렇지 않고 감정을 가지고 상대에게 접근했을 때는, 매우 효과적인 의사 전달을 하게 된다.

진정한 마음에서 나온 말은 어떤 수사적 기교보다 강한 설득력을 지닌다는 사실은 그 누구도 부정할 수 없다.

포에스터(C S Forester)

우리는 다음과 같은 하나의 스펙트럼 또는 눈금자를 떠올릴 수 있다.

여러분이 만든 프리젠테이션이나 각 프리젠테이션에 포함된 모든 섹션은 이 눈금자의 어딘가에 위치한다.

예를 들어 가스 미터기를 읽는 방법을 설명한다거나 감소되는 현금 지출입 상황을 전망하는 단순한 전달에 국한되는 프리젠테이션은 '알려주기' 기능에 가까우며, 감정이 개입될 여지가 전혀 없다.

반면 '설득하기' 방향으로 이동함에 따라 개인적 감정은 더욱 강하게 드러난다.

중용(中庸)을 행하라

히틀러는 자신의 감정을 조절하지 못하는 모습을 종종 내보였다. 그의 웅변술의 위력은 이러한 외양에서 생겨난 것이었다. 분명 청중들은 히틀러의 고함소리를 완전한 진실로 받아들였다.

노련한 배우들은 감정을 실제로 느끼는 것같이 보이게 하는 데 능숙하다. 실제로, 오셀로 연극 공연에서 주인공 오셀로는 질투심과 걷잡을 수 없는 분노의 감정 폭발로 아내 데스데모나를 살해하고 자신도 자살한다. 그리고 몇 분이 채 지나지 않아, 커튼콜(공연이 끝난 후 박수 갈채로 관중이 배우를 무대 앞으로 불러내는 일)에서 웃고 있는 경우가 종종 있다.

말하자면 전문 프리젠테이션 발표자인 여러분은 자기 제어 능력을 잃거나 그저 무대 앞의 웃고 있는 배우처럼 연극을 하고 있다는 느낌을 주어서도 안 된다. 그러나 결정적인 순간에는 마음에서 우러나오는 자연스러운 방법으로 자신의 감정을 드러내 보여야 한다.

청중은 여러분의 감정을 아주 빨리 읽어내기 때문에 여러분이 느끼는 유일한 감정이 지루함이라면, 그들 또한 그것을 알아차려 이내 그 감정에 감염되고 만다. 그와 반대로 순수한 열정을 보인다면 쉽게 그 열정에 감염된다.

속이지 마라

'카누와 행글라이더를 이용해 알래스카에서 케이프혼까지의 긴 여정을 마치고 이제 막 돌아오신 헨리 트럼핀턴(Henry

Trumpinton) 선생님을 오늘의 연설자로 모시게 된 걸 기쁘게 생각합니다. 선생님은 우리에게 정말로 귀중한 가치를 선사했다고 생각합니다. 그 이유는 제가 항상 말했던 것처럼 회계사라는 전문직이 위대하고 약동적인 모험 그 자체이기 때문입니다.'

위선적 친절, 저속한 정직, 거짓 눈물 같은 것들은 피해야 한다.

감동적인 순간을 연습하라

여러분이 만약 누군가에게 좋은 소식을 전하는 입장이라면, 환한 미소를 지으며 자신이 얼마나 행복한지를 보여 줄 것인가? 아니면, 팔을 크게 펼친 채 하늘을 바라보는 모습을 보여 줄 것인가?

반대로 좋지 않은 소식을 전한다면, 이마를 찌푸리며 청중을 절망의 늪에 빠뜨릴 것인가? 아니면, 그들로 하여금 더 열심히 일해서 그 상황을 개선시키겠다는 결심을 하도록 만들 것인가?

열정을 가지고 미래에 대한 소망을 이야기 할 준비가 되었는가?

청중이 여러분의 감정에 공감할 수 있도록 만들어라

안토니우스는 그의 유명한 연설에서, '시저가 그의 유언장에서 사람들에게 무엇을 남겼을까?' 라는 궁금증을 유발해 청중을 마음대로 조종하고 있다.

- 진정하시오, 여러분, 난 읽을 수가 없소.
- 인간인 이상 시저의 유언을 들으면 여러분은 필시 격분하여 이성을 잃어버릴 것이오.

안토니우스는 청중에게 두 가지 감정을 움직인다. 시저가 그들에게 남긴 유언에 대한 탐욕과, 자신이 청중을 자극하여 시저의 살인자들에 대한 분노를 결합시키고 있다(이것은 일종의 배고픔과 복수심으로써, 앞에서 언급했던 심리학자 리스트에 나와 있는 감정들 중 두 가지에 속한다).

보다 더 적극적인 모습으로, 여러분은 이런 말 들도 할 수 있다. '저는 더욱 재빠른 고객들을 위해 이 제품을 선보이게 되어 몹시 흥분했습니다. 이 새로운 시스템이 여러분의 서류 업무를 거의 절반으로 줄인다는 사실을 알게 된다면 여러분 역시 흥분할 것입니다.'

국제 무대 : 이야기

세부적인 이야기들을 다시 선택하라

앞에서 우리는 하나의 이야기를 할 때, 환기를 불러일으키는 중심 생각만 제시해 주고 나머지는 청중의 상상력에 맡겨야 한다고 제안하였다.

여러분이 문화적 차이를 넘나드는 업무를 하고 있다고 가정해 보자. 이런 경우 간접적으로 의미가 전달된다고 여기는 생각은 보다 자세한 설명을 할 필요가 전혀 없다. 이는 시간 낭비일 뿐이다.

언어에 주의하라

언어는 국제적 비즈니스에서 매우 중요한 수단이다. 그러므로 비영어권 사람들에게 영어로 프리젠테이션을 해야 한다면, 이 메시지를 필히 숙지하기 바란다.

'쓸데없는 말(Redundancy)'은 언어에서 중요한 의미를 갖는다. 간단히 말해, 우리가 하는 많은 말들 중에는 불필요한 반복성을 가진 것들이 많다는 것이다. 그러나 이런 말 들조차 종종 좋은 반응을 불러오기도 한다. 즉, 강연이나 발표를 할 경우, 우리가 쓸데없는 말들을 덧붙인다면, 청중은 어느 정도 긴장을 풀고, 모든 말에 집중하지 않고도 요점을 이해할 수 있게 된다.

때론, 자주 들어온 일화를 말할 때면, 훨씬 더 경제적으로 말하기 위해 반복해서 말하지 않으려 한다. 예를 들어 농담 하나로 정곡을 찌르듯, 이야기 속의 숨은 핵심을 매우 간결한 색슨 말(순수 영어)로 표현하는 경우가 종종 있다. 그러나 라틴어에 보다 편안함을 느끼는 사람들은 이런 표현에 어쩌면 썰렁한 반응을 보일지도 모른다.

이 때는 상대적으로 영어에 약하다거나 그렇다고 여겨지는 청중을 한 그룹이나 두 그룹 정도 골라내는 요령이 필요하다. 그러려면 프리젠테이션을 하는 동안, 특히 한 가지 이야기를 할 때, 그들을 자세히 관찰해야 한다. 그들이 눈을 가늘게 뜨거나 어깨를 으쓱거린다면, 이것은 그들이 지금 무언가를 이해하지 못한다는 신호이다. 이럴 때는 잠시 말을 중단하고 방금 설명했던 것을 더 쉬운 말로 이렇게 표현해 본다.

- 그들에게 그것을 되돌리도록 하지 않겠다! 우리는 그들이 그 일을 할 수 없다는 데 뜻을 모았다.

- 그러나 결정은 내려졌고 그것을 돌이킬 가능성은 전혀 없다. 우리는 어쩔 수 없이 계속해서 이 방법을 고수해야 했다.

- 또한, 우리는 네 시간 만에 파리에서 니스(프랑스 남부의 피한지)까지 간 것이 꽤 좋은 여행이었다고 생각했다. 이러한 우리의 진보에 매우 만족스러웠다.

여러분은 희미하게 안도의 미소를 짓거나, 경우에 따라선 감사의 표시로 고개를 끄덕이는 청중의 모습을 보게 될 것이다.

모국을 떠나 있을 때, 의미가 다를 수 있는 우연적인 언급

우리는 이 장에서 청중이 스스로 세부 내용을 채우도록 만드는 수많은 방법에 대해 살펴보았다. 즉 자국 문화의 수준을 넘지 않는 범위 내에서, 우리는 청중의 기억 속에 '비에 흠뻑 젖은 사람들과 우산을 든 사람들로 가득 찬 지하철에 있다는 것이 어떤지 당신은 알고 있나요?'라는 물음처럼 공통된 생각을 할 수 있는 배경을 신속하게 만들어 주려고 이와 같은 언급을 활용하고 있다.

아래의 짧은 말들은 여러분이 '외국인' 그룹을 대상으로 프리젠테이션을 할 때 완전한 실패를 안겨 줄 수도 있다.

영국으로 여행 온 스웨덴 사람들을 대상으로 할 때,

· 폭설에서의 운전 기술

· 결빙 호수에 난 구멍에서 탈출하기

유의할 점 What this means to you

- 자신만의 확고한 신념, 의사 전달자로서의 타고난 설득력, 안면 근육의 풍부한 변화의 범위, 이런 것들은 훈련을 통해 전달될 수 있으며 긍정적인 결과도 매우 빠르게 얻을 수 있다.

- 프리젠테이션을 준비하는 동안, 계속해서 이런 질문을 스스로에게 던진다. '내가 문서 발송이나 전화 걸기 혹은 이메일 발송 대신 이 방법을 선택한 이유는 무엇인가?'

- 이 대답은 인간 대 인간의 접촉으로 할 수 있는 것이어야 한다. 비즈니스에서 인간 접촉은 그로 인해 더 괜찮은 커뮤니케이션이 이루어지지 않는 한 사치스러운 시간 낭비일 뿐이다.

- 따라서 자신의 감정을 보여주고 이를 인간적으로 만들어야 한다.

· 침실 커튼이 검정색이어야 하는 까닭

스웨덴을 방문한 영국 사람들을 대상으로 할 때

· 크리켓과 관련된 내용

· 자신이 지지하는 하원의원에게 편지 쓰기

· 반대를 위한 반대를 하는 사람들 상대하기

청중은 여기에서 언급하는 행동의 의미를 알아내려고 애를 쓰다가 여러분이 말하고 있는 핵심을 쉽게 놓칠지도 모른다.

국제 무대 : 감정

적절한 시점에서 자신의 정직성을 얻어라

프랑스 인이 여러분의 제안에 어깨를 으쓱거리면서, '왜 그렇죠?'라고 말한다면, 이는 거부이거나 심한 경우, 경멸하는 것임에 틀림없다. 그러나 프랑스 인은 자기 나름대로는 간접적으로 여러분의 제안에 성의 있는 배서(背書)를 해준 것이다. 이와 동일한 상황에서, 북 게르만 인들은 '나는 당신의 제안에 성의 있는 배서를 한다.' 라고 직접적으로 말한다.

이것은 프랑스 인에 대해서 독일인이 생각하는 것은 '창조적이긴 하지만 무기력한' 사람들인 반면에, 프랑스 인들은 독일 사람들을 답답하며 무미건조하고 융통성이 없다고 여기는 경우가 많기 때문이다.

이와 유사하게, 한 미국인이 자사를 진심으로 칭송하면서 '저희 ABC는 고객 여러분을 최우선으로 생각하며, 좋은 제품을 만들 수 있는 노하우를 가지고 있습니다.' 라고 말하면, 테이블 맞은 편에 앉아 있는 영국인은, 저렇게 요란하게 선전하는 것은 좋은 반응을 얻을 수 없다며 거부를 표시한다. 그런데 노르웨이 인은 습관적으로 자사와 그 오퍼를 헐값에 파는 경향이 있다.

따라서 여러분의 말보다 더 중요한 것들은 다음과 같다.

1. 표정

표정에 대해선 크게 걱정할 필요는 없다. 대부분 표정은 어느 국가를 막론하고 큰 차이 없이 보편적으로 통용된다. 단, 슬라브계 사람들에게는 너무 환하게 웃는 모습은 잘 속인다는 이미지로 비쳐진다. 그러나 대부분의 국가에서는 쌀쌀맞고 딱딱하게 굳은 표정을 유지하는 것이 도리어 큰 실수가 될 수 있다. 이런 표정은 의욕이 부족하다는 것을 나타내기 때문이다.

2. 목소리 톤

연단에서 사용하는 표준 영어는 음색, 음조, 속도 면에서 볼 때, 가장 표현력 있는 언어 중 하나이다. 그러므로 풍부한 표현을 할 때라도 핵심 용어에 중점을 두어서 사용하기 바란다.

3. 보디 랭귀지

손과 손가락의 움직임의 의미에 관해 지역적 차이를 연구한 관련 문헌들이 많이 있다. 그러나 프리젠테이션 연단에서 가장 안전한 방법은 항상 보이는 곳에 손을 두고, 손가락 및 손바닥을 모두 편 자세를 취하는 것이다. 또 몸짓의 빈도와 그에 따르는 잠재적 힘은 매우 다양하다. 예를 들어, 일본인 경우에는 거의 움직임이 없는 반면, 남부 이탈리아인들은 교통 정리하는 제스처로 설명을 하기도 한다.

만약 여러분이 이탈리아 나폴리 출신이라면, 앞줄에 앉아 있는 사람들의 코 바로 앞에서 양손을 너무 격렬하게 움직이지 말아야 한다. 또 여러분이 일본 오사카 출신이라면, 마지막 인사를 하기 전에 반드시 활기를 불어넣어야 한다.

4

상대를 이야기 속으로 끌어 들이는 기술

어떻게 당신의 이야기 속으로 청중을
끌어들일 수 있을까?
- 청중들이 관심 있는 곳을 보여 주어라

나는 누군가 나에 대한 이야기를 할 때면 오랫동안 그 말에 귀를 기울일 수 있다. 그렇게 두 시간이 지나고 나면 상대가 내면의 아름다움을 지니고 있다는 것을 알아보기 시작한다.

요즘은 테이프에 받는 사람의 이름을 넣어서 재미있게 이야기를 만들어 주는 어린이용 녹음 카세트가 유행이다.

세실리는 거인이 잠든 사이에 도망치기로 결심했어요. 그녀는 동굴의 입구까지 발끝으로 걸어갔어요. 그때, 거인이 눈을 뜨고 고함쳤어요

"네가 도망칠 수 있을 것 같으냐, 세실리?

당연히, 세실리는 이 테이프에 흠뻑 빠져 있을 수밖에 없다. 이것이 바로,

자기 호소력(You-appeal)이다

청중을 '움직이기'

지금부터는 여러분이 (제1장에서처럼) 청중의 주목을 받고있는 상태라고 가정한다. 청중은 이 프리젠테이션의 대상이 자신들이라는 것을 알고 여러분의 말을 들으며, 신뢰할 준비가 되어 있다. 그리고 여러분은 한두 가지 훌륭한 시각 자료와 생기 넘치는 이야기 또는 그 핵심 주제를 생동감 있게 만들 추론적 이야기들을 준비했을 것이다.

그러면 지금부터 여러분이 해야 할 일은 청중의 주목을 끌어서 그들이 '여러분과 동일한 생각을 갖도록' 만드는 것이다.

여기에서는 정보를 기점으로 그 축을 따라서 이어지는 설득의 기술에 관해 이야기한다.

여러분의 목적은 자료를 전달하는 것뿐이라고 생각해선 안 된다. 다른 사람의 마음을 사로잡는 것이 비록 어렵더라도, 청중의 스타일에 맞게 그 정보를 고쳐서,

자기 적응 지도(You-orientation)

를 한다면, 그들은 훨씬 더 긍정적인 반응을 보일 것이다.

정보를 제공하는 프리젠테이션에서 '당신(YOU)'

여러분이 정보 제공만을 위해 프리젠테이션을 할 때, 청중들은 그 정보를 수집하려는 희망을 가지고 있을 것이다.

우리는 책의 발간을 위해 독창적으로 쓴 원문을 소리내어 읽는 것만으로 유익하다고 생각하는 발표자나, 매년 똑같은 강의 노트에 똑같은 내용을 가르치는 대학 강사 같은 이들 때문에 따분한 경험을 한 적이 있다.

어느 대학 강사가 시험 기간이 다가오자, '다음 주에 보게 될 고체물리학 시험 기간 동안 무슨 일이 있어도 이것을 꼭 기억해 두세요.' 라고 말하면, 학생들은 그 어느 때보다 민감한 반응을 보인다는 사실을 알고 있다. 프리젠테이션 할 때, 이따금씩 여러분이 말하는 소재가 듣는 이들과 얼마나 관련이 있는지를 언급하는 것은 매우 중요하다. 그러나 더 중요한 것은, 여러분의 생각을 청중이 기억하게 만드는 방법은 바로 이러한 관련성을 지적함으로써 이루어진다는 사실이다.

이 그래프를 따라 계속 보게 되면, 17%라는 수치가 나오고 동시에 여러분 대부분은 수직 축 위쪽으로 중간쯤 여기에 위치할 것입니다.

여러분 중 대부분이 밀라노와 그 근방에 살고 있으므로, 대도시 환경에서 저희 서비스가 얼마나 효과를 발휘하는지 한 가지 예를 들어 보겠습니다.

여러분 모두는 의사나 과학자라, 지금까지는 재정 관리에 관한 문제에 대해 거의 관심이 없었을 것입니다! 하지만, 그들이 몇 달 내에 여러분에게 와서 예산 책임을 부탁할지 모르니, 몇 가지 핵심 변수들을 알고 있어야 합니다. 예를 들면……

많은 발표자들은 비즈니스에서 '여러분'이라는 말을 과도하게 사용하는 것은 아닌가 하고 걱정한다. 그들은 이 말이 부자연스럽고 값싸게 보인다고 생각하기 때문이다. 사실, 청중들은 자신들의 개개인을 향한 이런 직접적인 호소에 대해 대단한 관대함을 지니고 있다. 물론, 모든 것을 '여러분(혹은 당신)'이나 '여러분들의 것(혹은 당신의 것)'이라는 말로 표현하려고 한다면, 곤란하게 될 수 있다.

'여러분'이라는 호칭을 많이 사용해야 할 때는 다음과 같이 세 번 있다.

- 프리젠테이션을 시작할 때 (1장 참조)
- 중심이 되는 가장 중요한 요점을 전달할 때
- 당신이 청중과의 교감을 잃어버릴 위험에 빠져 있다고 느낄 때

처음 두 가지는 프리젠테이션 준비 단계에서 필수적으로 다루어져야 하지만, 마지막 세 번째 사항은 즉흥적 대처에 관한 문제이다. 훌륭한 발표자는 잘 맞물려 돌아가는 4륜 구동 장치와 같은 사고 방식을 가

지고 있다. 그래서 발표자는 프리젠테이션을 할 때, 실질적으로 청중에게 말하는 모든 것에 대해 '여러분'이라는 호칭으로 표현한다. 이때 청중이 1센티미터 앞으로 다가오는 것을 보고 기뻐한다.

'여러분', '여러분의', '여러분의 것'이라는 말을 가능한 한 자주 사용해서 다음 아이디어들을 표현해 보자. 청중은 지난 주에 교육을 받은 체육 교사들로 구성되어 있다.

1. 적합성이 모두 갖춰진 교육 상황에서, 안전 요소가 가장 중요하다.

2. 안전 기준이 만족되었을 때, 각 교육 프로그램의 효과를 고려해야 한다.

3. 학생들의 개인 행동은 교육 프로그램 설계 시 결정적인 요소이다.

4. 예를 들어, 동기 부여에 위험성이 존재한다면, 교육 초기에 학생들에게 거창한 목표를 세우게 하는 것은 바람직하지 못하다. 이것은 '실패로 돌아가는 계획'으로 알려져 있다.

5. 체육 교사들은 학생들로부터 신뢰를 얻었을 때, 좋은 결과를 거둘 수 있다. 달성할 수 있는 목표를 세우는 것이 그들로부터 신뢰를 얻는 열쇠이다.

물론, 여기에 제시한 것은 기본적인 영업 기술에 가까운 것이다. 앞에서 언급한 바 있는 '알려주기-설득하기'의 축을 따라가면 갈수록 당신은 더 많은 것을 팔 수 있을 것이다. 그러므로 이 말을 보다 자주 언급해야 한다.

여러분(You)

 ## 설득력 있는 프리젠테이션에서 '여러분'

런던 탑에 있는 관광 가이드나 해군성에 있는 특무 교관은 사전에 선택해놓은 한정된 청중을 대한다. 런던 탑의 관광객들은 다채로운 역사를 살펴보면서 가족적인 농담을 주고받으며 사진 찍는 시간을 즐긴다. 해군성의 수병(水兵)은 완벽하고 안전한 기술과 승진이 될 수 있는 기회를 엿본다.

바로 전형적인 '말하기' 상황이다. 여기서 당신의 임무가 보다 많은 것을 '판매' 해야 하는 경우라면, 자신을 바라보는 청중에 대해 생각을 좀더 진전시킨다.

그들은 누구인가?

그들은 왜 여기에 있는가?

청중이 누구인지 파악하라

회사 동료, 비서, 고객, 공급자, 경쟁자, 친구들 모두에게 도움을 청한다. 충분하게 생각하고 그들의 문화적 배경과 일하고 있는 상업적 환경, 인기 운동 선수나 배우들의 특징 및 습관에 대해 연구해야 한다.

청중의 성별, 연령, 사회적 계층, 학력 수준, 직분, 근무처, 전문적 기술, 경험, 장래 희망, 목표, 걱정, 가족, 취미, 취향 등에 대해 명확하게 파악하고 있어야 한다.

청중의 구성원들은 어떤 관계인가? 그들 안에서만 통용되는 농담이 있는가? 여러분이 주장하는 것의 진의(眞儀)를 이미 알고 있는 사람은 누구이며, 모르고 있는 사람은 누구인가? 당신이 어떠한 결정을 원한다면, 그것을 어떻게 유도해야 할까?

일단 그 의사 결정 인자들을 확인했으면, 무엇이 그들을 그렇게 움직이게 하는지를 알아보는 것이 시급하다.

여러분이 어떤 사람에게 영향을 주고 싶다면, 그 사람의 본성이나 스타일을 알아야 그를 이끌어갈 수 있다. 또 그의 목적을 알아야 설득할 수 있으며, 그의 약점과 단점을 알아야 그를 위압할 수 있다. 그와 이해 관계를 가지고 있는 사람들을 알아야 그를 다룰 수 있다.

베이컨, 1597

보트 쇼에 참가한 자신이 판매를 한다고 상상을 해보자.

당신은 호수에서 갖가지 신제품과, 높이 평가되었던 기존 엔진 고성능판을 갖춘 유람용 대형 모터보트를 띄운다. 그런데 판촉물은 야외 촬영에서 찍은 많은 멋진 보트 사진들과 기술 내역서가 전부이다. 사진 속엔 사람이 전혀 없다면 당신의 판촉물은 어떨까?

여러분은 잠재적 구매자에게 보트가 바로 당신의 것이라고 확신시켜 주어야 한다.

여러 고객이 배에 오르는 데 동의했을 때, 당신이 강조하려고 선택한 그 보트의 특징들은 어떤가? 고객이 현실적으로 받아들일 수 있는 것이 외형적인 모습일까?

10시 30분쯤, 한 부부가 열 살 된 딸아이와 여덟 살짜리 아들을 데리고 여러분을 방문한다. 11시 15분쯤엔, 20대 중반쯤 되는 말쑥하게 차려입은 한 남자가 방문한다. 점심식사 직후엔, 퇴직한 한 노신사가 방문한다.

당신은 오전에 방문한 가족 중 아버지에게는 분리형 캐빈과 자유시간을, 어머니에게는 안전 장치와 함께 마음의 평온을 팔았다. 20대 중반의 남자는 성교의 신호와 같은 강력한 엔진음에 대해 생각하도록 만들었다.

그리고 낚시꾼으로 보이는 노신사는 장비와 물고기들을 넣을 냉동고를 마음에 들어하는 것 같았다.

청중이 이곳에 있는 이유를 간파하라

청중이 여러분의 프리젠테이션에 자발적으로 왔다고 생각한다. ('저희 사장님이 참석해 보라고 말씀하셔서 이곳에 왔습니다.' 라고 말하는 청중들은 다루기가 몹시 어렵다.)

다음과 같은 질문을 스스로에게 던져본다.

- 나는 청중의 현실적 요구를 수용할 어떤 것을 가지고 있는가?
- 나는 청중의 욕구를 만족시켜 줄 어떤 것을 가지고 있는가?
- 나는 청중의 자존심을 높여 줄 어떤 것을 가지고 있는가?

요구

어떤 사람이 춥고 배고파 지쳐 있는 상황에 처했는데 여러분은 그에게 히터 옆으로 가서 편안히 먹고 자라고 설득하는 것 같은 프리젠테이션을 굳이 할 필요가 없다.

심리학자 매슬로는 이것을 인간의 가장 기본적인 요구 단계라 하여, '위생 요소(hygiene factors)' 라고 구분했다.

청중이 일정 수준의 '위생'에 만족하지 않는다면, 그들은 비교적 필수적이지 않다고 여기는 것에 대해 여러분의 설득을 수용할 준비가 되어 있지 않을 것이다.

부도 직전인 회사에 근무하는 고위 경영자들은 새로운 사원 평가 시스템을 위한 여러분의 제안에 거의 주목하지 않을 것이다. 새로운 조립 라인을 설치하는 스케줄에 따라 움직이는 제조 엔지니어링 기사들은 신제품으로 나온 윤활유에 대한 프리젠테이션에 큰 관심을 갖지 않을 것이다.

일반적인 예를 들면, 집에 가는 막차를 놓칠까 걱정하는 청중들은, 초등학교 학부모와 교사 사이의 커뮤니케이션을 위한 프리젠테이션을 집중해서 들을 수 없을 것이다.

그러나 회사 경영이 순조롭거나 생산 조립 라인이 원활하게 움직이고 또는 집에 가는 교통 수단이 마련되어 있다면, 새로운 사원 평가 시스템을 귀담아 들을 것이다. 또 신제품 윤활유에 깊은 관심을 보일 것이다. 그리고 교사나 학부모 청중들은 교육적인 제안 등을 기본적인 요구로 받아들일 준비가 되어 있다.

사원 평가 : '여러분은 종종 인적 자원이 가장 중요하다고 말합니다. 그 자원을 평가하고 효율적으로 배치하는 것은 분명 필수적인 일입니다.'

신제품 윤활유 : '보존 기간을 늘리는 것이야말로 여러분 모두가 최우선으로 손꼽는 생산성을 높이는 가장 확실한 방법입니다. 오일 교환은 가장 기본적인 유지 보수 방법입니다.'

교육적 제안 : '우리는 버스가 떠나기 10분 전에 도착했습니다.

이제까지 여러분 모두가 분명 유익한 저녁 시간을 보냈겠지만, 우리는 결정적인 문제에 대해서는 전혀 이야기해 본 적이 없습니다. 학부모와 교사, 우리 모두가 아이들이 잘 되기를 바라며, 우리 모두가 학교와 가정 사이에 이루어지는 긴밀한 협조를 절대적으로 중요시한다는 사실에 동의합니다.

서양의 지난 역사는 부자들의 마음을 상상에서 현실로 돌아오게 움직인 상품과 서비스로, 보통 사람들의 마음을 공상 세계에서 일상의 필수품으로 돌아오게 움직인 세탁기, 휴가, 보험 따위로 어수선했다.

욕구

사람들은 이미 위에서 말한 풍요로움을 누리고 있다. 그러므로 그보다 더 큰 욕심, 다시 말해, 돈, 안락함, 장수, 쾌감, 미(美) 등에 대한 욕망을 가지고 있을 것이다. 이들은 모두 외부로부터 얻게 된다.

대규모 항공 회사는 수익의 80%가, 정기적으로 비즈니스 출장을 하는 고객들로부터 생긴다는 사실을 알고 있다. 항공사 직원들이 보다 안락한 좌석과 매너 좋은 객실 승무원, 샴페인, 공항 전용 시설 등을 이용해서 자신들의 고객을 어떻게 보유하려고 노력하는지 주목하자. 향락주의를 추구한다는 비난을 피하기 위해, '여러분은 상쾌하게 착륙해서 중대한 의사결정을 준비하실 수 있습니다.' 라는 부수적인 메시지를 덧붙인다.

프리젠테이션에서, 여러분이 제안하는 제품이나 서비스가 사치스러운 범주에 속할 경우에는 그에 맞게 판매해야 한다.

- 우리는 올해의 획기적인 회사 성장을 축하하며, 회사가 크리스마스 파티에 특별한 이벤트를 제공해야 한다고 생각할 것입니다.

  여기저기서 선(sun) 크림을 살 수 있습니다. 정말, 당신이 최고를 원한다면……

- 제가 앞서 보여드렸던 것은 여러분들이 기본적으로 필요로 하는 것일지도 모릅니다. 그러나 여러분이 좀더 투자하여 달리는 인생의 철도에서 선망의 대상으로 떠오르고 싶다는 준비만 되어 있다면……

매슬로의 견해는 매우 중요하다. 그는, 사람은 사회적 동물이기 때문에 '그 사회 내에서 신분 상승의 기회'을 갖기 위한 강렬한 본능적 욕구가 있다.' 라고 말한다.

이웃 사람들에게 지지 않으려고 허세를 부리고 과시하는 사람들은 극소수이지만, 1950년 이래로 일부 사람들은 이를 하나의 선택권으로 여겨, 사회적 권력으로 인식해 왔다.

많은 사람들은 자신의 외모를 유지하기 위한 비용이 든다면, 시내

구석에 위치한 값싼 하숙집에서 생활하는 것을 감수할 준비가 되어 있다. 또한 금요일 저녁, 고급 레스토랑에서 저녁 식사를 하는 동창 모임에 참석하려고 6일 동안 빵과 치즈만으로 살고, 무리를 해서라도 객실 일등석을 예약하기 위해 여행을 연기하면서까지 마음의 준비를 한다.

자존심

사실, 매슬로는 이것을 동기 부여의 최정상에 있는 진의(眞意)라는 관점에서 '자아 실현(self-actualization)'이라고 일컬었다. 의식주와 같은 모든 기본적인 욕구들은 이미 충족되었다. 많은 재산과 고된 노동은 사치를 야기했다. 사회적 지위가 보장되고, 아이들은 학교에서 잘 보살펴주며, 생활은 여유로워졌다.

이제 무엇이 남았는가? 자신의 삶을 풍요롭게 하기 위한 동기 부여는 시간과 노력을 투자할 만한 가치를 지녔고, 자신의 잠재력을 실현시켜 준다. 자아 실현 단계에서 고위 경영간부들을 상대로 말할 때, 특히 유용하다.

- 원숙한 견해를 가지셔야 합니다.

- 여러분들이 원하시는 것이 전략적 결말에 초점을 맞춘 5년간의 튼튼하고 안정된 성장이라면……

유의할 점 What this means to you

청중에 대해 점점 많은 것을 알게 될수록, 프리젠테이션을 하는 동안 그들의 반응을 불러일으키는 데 성공할 가능성도 커진다.

여러분의 '제안 혹은 제공'이 요구, 욕구, 자존심의 단계에 있는 청중들에게 호소력을 가지고 있는지 아닌지를 스스로 자문해 봐야 한다.

대기업에서는 최근에 발생된 요구 사항들을 확인해 보기 위해 시장 조사를 한다. 그런 다음, 그들은 자신들의 제품 범위와 판촉 상품, 즉 오퍼를 그 요구에 맞게 충족시킬 수 있도록 개조한다. 개인적인 규모를 고려해서, 당신은 이와 동일한 절차를 따라야 한다. 그런 다음,

- 다른 경쟁자가 존재하지 않는다면, 청중들이 당신이 제공하는 것을 필요로 하고, 그 정보를 명확하게 설명해 주는 것만으로도 충분할 것이다.
- 불필요한 향응과 접대로 청중들의 욕구를 부추기려 한다면, 매력 포인트를 강조해서 사치스러운 품목이 필수품인 것처럼 보이도록 유도한다.
- 자신의 제안이 어떻게든 청중의 자존심을 높여 줄 것이라면, 이러한 측면과 더불어 합리적인 주장을 펼쳐야 한다.

• 결정은 쉽지 않지만, 여러분만이 이것을 결정하실 수 있습니다. 그리고 이 결정은 여러분의 직감과 경험에서 나올 것입니다.

지금까지, 여러분이 청중에게 제공하는 정보에 꽤 관심이 있다고 가정했었다. 나아가 청중이 여러분의 제안을 호의적으로 들을 준비가 되어 있다고 생각해 보자.

우리는 종종 '청중들의 반감을 표시하거나 심한 경우 적개심을 어떻게 극복할 수 있을까요?' 라는 질문을 받는다.

이런 질문에서는 '극복하다' 라는 말에 문제가 있다. 이 말은 힘을 이용한 정면 공격을 연상시킨다. 프리젠테이션 발표자로서의 여러분은 청중의 고유 영토를 침범하는 것이 아니라, 정착시키는 것임을 기억해야 한다.

적대감을 표시하는 청중에게 말하기

자신의 제안을 특정한 방향으로 움직이는 힘의 방향을 하나의 벡터(vector)로 간주한다.

청중의 적대감은 완고할 수도 있다.

무작정 앞으로 밀고 나가는 것이 전혀 소용이 없을까(어쨌든, 당신이라면 어떻게 하겠는가)

당신 속에 있는 벡터(vector)를 찾아라

청중이 세상을 바라보는 관점은, 단순히 '아니오(No)!' 라고 단정짓기에는 충분치 않다. 그들이 가진 벡터 중 일부는 방향이 명확하지만 그렇지 않은 것도 적지 않기 때문이다.

이런 상황은 이따금씩 절망을 야기한다. 지구가 태양의 주위를 돈다며 원로원을 설득하려 했던 갈릴레오, 해산물 알레르기가 있는 손님에게 조개 수프를 권유하는 웨이터 등이 그 예이다.

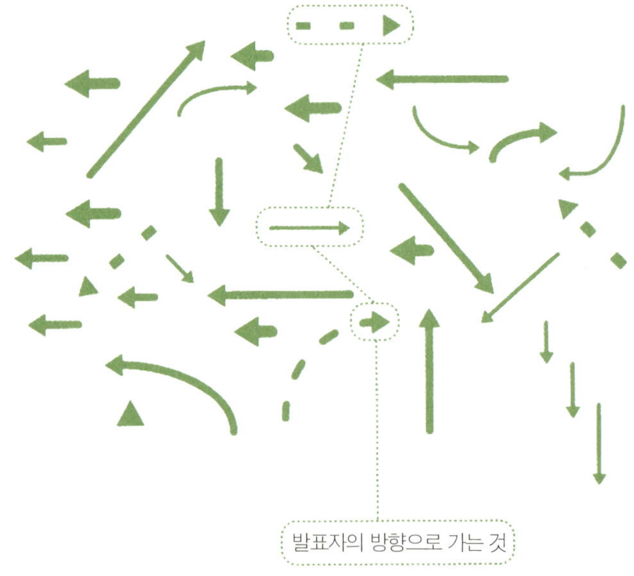

이보다 쉽게 찾아볼 수 예로는, 흔히 말하는 '유도'라는 것을 들 수 있다. 십대들이 흔히 써 먹는 기법이다.

> 십대 소년 : 아빠는 우리가 버스 요금으로 너무 많은 돈을 가져간
> 다고 늘 말씀하시면서……
> 아버지 : 안 돼, 넌 오토바이를 살 수 없어.

일단 화자를 여러분의 방향으로 가게 할 벡터를 확인했으면, 여러분은 그 상황을 정교하게 조종할 필요가 있다.

찾은 벡터를 신중하게 활용하라

이 책의 뒤에 실려 있는 부록에는 미국 역사의 전환점을 안겨 준, 즉 링컨 대통령의 짧은 연설문이 수록되어 있다.

당시 북부는 전쟁으로 지쳐가기 시작했으며, 링컨 대통령은 북부인들을 격려하기 위한, 전쟁 봉헌식 연설을 준비하는 데만도 며칠이 걸렸다.

링컨 대통령이 택한 벡터는 바로 이런 것이었다.

여러분도 알다시피, "선량한 많은 이들이 눈을 감았습니다. 그들의 시체가 우리 주변을 가득 메우고 있습니다. 우리는 그 싸움을 계속해 온 그들에게 빚을 지고 있는 것입니다. 여기서 포기한다면, 이 모든 것이 허사로 돌아갈 뿐입니다."

링컨 대통령은 자신의 청중을 설득하는 데 고전적인 모델을 따른다.

1. 합류(合流)

청중에게 자신의 생각이 그들의 생각과 같은 방향으로 흐른다는 점을 말한다. 링컨 대통령은 '우리 선조들은 이 대륙의 자유 속에서 잉태되었고, 만인이 모두 평등하게 창조되었다는 명제 아래 새로운 나라를 탄생시켰다. 이에 우리는 선조들의 바람을 거스르고 싶어하지 않는다. 그렇지 않은가?' 라고 말하면서 연설을 시작한다.

2. 논거(論據)

우선 논리적 근거들을 신중하게 선택한다. 그리고 그것을 바탕으로 명백한 주장을 전개시켜 나간다. 미국 헌법은 만인이 모두 평등하게 창조되었다는 명제에 봉헌되었다면, 이는 링컨 대통령의 나머지 주장을 뒷받침한다.

3. 관여(關與)

청중들을 어떤 문제에 관계시킨다. 링컨의 연설에서는 '우리, 우리들의, 우리를' 이라는 말을 열다섯 번이나 언급하였다.

- '우리가 여기 모여… 미완성 작품으로… 헌납되어야 하는 것은… 우리들은 살아 있는 자들입니다.'

다음 상황에 해당하는 합류, 논거, 관여의 법칙에 맞추어 주장의 방향을 계획해 보자.

- 상대방이 관심없는 지방에서 함께 휴가를 보내자고 설득하기

- 자신의 업무 일부를 도와 달라고 동료를 설득하기

- 교통 감시관에게 딱지를 떼지 말라고 청탁하기

구체적인 증거로 자신의 주장을 뒷받침하라

'오래 전에'라고 하지 않고 '지금으로부터 87년 전에'라고 말하는 것은 링컨 대통령의 주장에 보다 큰 설득력을 실어 주고 있다.

미국에서 자신의 마녀 사냥을 정당화했던 매카시(Joe McCarthy) 상원의원은 '미 국무성에는 정식 당원증을 가진 205명의 공산주의자가 존재하고 있다.'라고 주장했다.

이처럼 사실에 기반한 숫자를 알려줄 준비를 갖추도록 한다.

열정을 보태라

앞장에서는 매우 상세하게 감정의 활용을 다루었다. 자신이 제안하는 것에 대해 정말로 관심을 가졌다면, 이런 감정을 청중에게 보여 주도록 한다.

열린 마음으로 자신의 입장을 밝혀라

많은 사람들은 설득이라는 단어에 거부감을 나타낸다. 예를 들면, '내가 사람들의 의사를 바꾸게 하는 속임수를 쓴다면, 그건 결국 그 사람들을 교묘히 조종하는 것이고 나쁜 짓이야.' 라고 생각하기 쉽다.

만약 당신이 음흉한 속셈을 가지고 설득하는 것이라면, 그것은 잘못된 것이다. 그 대신에, 열린 마음으로 자신의 입장을 밝히도록 한다.

'저는 여러분의 상황에 대해 깊게 생각해 보았습니다. 그래서 제가 여러분을 납득시킬 수 있다고 생각합니다.'

'여러분이 저의 제안을 주의깊게 듣는다면 여러분의 인생에서 매우 신중하게 생각해 보셔야 할 한 가지 요소를 발견할 것입니다.'

유의할 점 **What this means to you**

- 청중을 설득하고 싶다면, 청중의 기질 가운데 자신이 가진 목적을 확실하게 부합시키는 벡터를 찾아야 한다.
- 그런 다음 당신이 할 수 있다면 프리젠테이션 동안 일련의 순서를 부여하라.
- 모든 단계에서, 자신의 전략에 효과를 발휘할 최상의 기회를 주기 위해, 발표자로서 모든 다른 기술을 동원해야 한다.
- 마지막으로 정직해야 한다.

'분명히 제 생각에 반대하는 몇 가지 생각을 가지고 있을 것입니다. 그렇다면 여러분이 인정하는 측면을 생각해 봅시다.

국제 무대

'여러분(또는 당신)'

다국적 청중을 대하고 있다면, 여러분의 모국을 그들에게 소개할 수 있는 몇 가지 선택된 예들을 제시해 주는 것이 도움이 된다.

'무소속 의원이 정치 사회적인 상황으로 보아 이곳에 적합합니다. 그 때문에 제가 이제까지 르 몽드(Le Monde)지와 프랑크푸르트 알게마인(Frankfurther Allgemeine Zeitung)지를 이곳에 지정해 온 것입니다.'

이탈리아 인이 도움을 요청했는데, 당신이 이탈리아 언론에 대해 아는 바가 전혀 없다면, 청중 가운데 다른 누군가는 당신을 도와줄 구원자가 될 수 있을 것이다. 이런 경우에는, 토의하는 방식을 취한다면 아주 훌륭한 선택이 될 것이다.

요구, 욕구, 자존심

여러분이 다른 나라에서 프리젠테이션을 할 경우에는 여러분의 메시지를 주의 깊게 바꿀 필요가 있다.

로마 청중의 경우, '여러분들은 모든 사람들이 잘 알고 있듯이, 가장 고귀한 가치를 지니고 있습니다.' 와 같은 말로 그들의 특권 의식에 호소한다면, 매우 긍정적으로 반응할 것이다.

뽐내는 것을 좋아하지 않는 뉴질랜드 사람들에게 이와 같은 메시지를 던진다면 부정적인 효과를 나타낸다. 그리고 자신들의 사치를 당연한 것으로 생각하는 러시아나 중국의 벼락부자들에게는 이런 말을 할 필요가 전혀 없다.

설득력 : 대립할 것인가, 동조할 것인가?

조작과 협박에 대해서는 문화마다 다른 견해를 갖고 있다.

예를 들어, 비즈니스 세계에서 스웨덴 국민들은 '강렬한 직감(the killer instinct)' 을 가지고 있지 못한 것을 자주 보게 된다. 그들의 국민성은 매우 천진난만하고 순진하며 정직함 그 자체이다. 스웨덴 문화의 특성인 것이다. 그들은 '심리적 장애를 지닌 설득' 을 '부끄럽고 부정한 속임수' 로 간주한다.

스웨덴 청중은 여러분이 교활한 속임수를 시도한다고 의심하기 시작하면, 그들은 곧 여러분에 대한 반감으로 마음의 문을 닫아 버릴 것이다.

이와 반대로, 미국에서는 빈틈없고 단호한 술책들이 일상적인 비즈니스 생활에서 나타난다.

5

확신을 가지도록 설득하기

청중의 확신을 실제로 바꿀 수 있을까?
– 딱딱한 이론만으로는 안 된다. 휴먼 기술이 필요하다

지금까지 여러분은 청중의 주목을 끌기 위한 방법으로 그들의 기억 속에 여러분의 생각을 주입할 때 사용될 적절한 장치와, 호소력에 대해서 알아보았다.

이제 보다 심오한 문제로 들어가 보자.

강한 이미지를 사용해서 청중의 주목을 끌고, 그들의 우뇌 속으로 들어가 있는 안토니우스에 대해 앞에서 이미 여러 차례 살펴보았다.

안토니우스는 연설 직전에, '이 고귀한 피를 흘리게 한 그 손에 재앙이 있으리라!' 다시 말해, 변절자이며 암살자인 브루투스가 그 죄값을 반드시 치를 것이라며, 자신의 마음 속에 한 가지 특별한 목적을 갖게 되었음을 암묵적으로 표현한다. 이러한 수단은 '국가적 분노와 격렬한 시민 쟁의(爭議)'를 의미하며, 안토니우스는 로마 군중들이 이 일에 모두 동참해야 한다고 결단을 내렸던 것이다.

안토니우스가 군중들에게 전하는 자신의 메시지를 조종하는 수단인 다음과 같은 그의 연설을 사람들은 기억한다.

'시저는 야심 많은 폭군이 아니었소. 그는 여러분들을 사랑했으니 여러분이 그의 원수를 갚아야 합니다!'

안토니우스는 군중들이 항상 자신의 지시에 따라 스스로 이를 해결하도록 만들면서, 점차적으로 그의 생각을 따르게 만든다. 그런 다음, 드디어 안토니우스가 자신의 메시지를 그들에게 직접적으로 전달하기 시작했을 때, 군중들은 자신들이 이미 '알고' 있었던 것으로 이를 인정한다. 지금 여기에 그 자신도 굳게 믿고 있다고 말하는 이 훌륭한 친구가 있다.

브루투스를 타도하자! (역사는 우리에게 대규모의 군중들이, 소그룹보다 동요되기 쉽다는 것을 보여 준다. 이런 상황에서 사람들은 일반적으로 모두 한결같이 생각하고, 느끼며 행동하는 경향이 있다. 세익스피어는 고전 문학의 저자들과 자신의 경험으로부터 이를 배웠다.)

발표자가 청중들의 확신을 조종하려고 한다. 우리가 이것을 일반적인 목적으로 받아들인다면, 이러한 도전은,

전하고자 하는 메시지가 바로, 자신의 목적을 이루기 위해서

이며, 또한

목적을 분명하게 기억하라

여러분이 프리젠테이션을 준비하고 있다면, 거기에는 여러 가지 상반된 상황이 존재한다.

- 안전 지대에 머물고자 하는 것과 새로운 모험을 시도하고자 하는 것
- 시간을 유용하게 채우는 것. 즉 프리젠테이션을 훌륭하고 짧게 진행하고 즐거운 점심식사 시간을 갖는다
- 극적인 효과를 위해 사소한 일들을 과장하듯 아주 분명해 보이는 중요한 사항들은 줄여서 말한다

이런 활동들이 목적을 뒷받침하고 있다면, 모두 나름대로의 가치가 있다.

여러분을 올바른 방향으로 이끄는 모든 것은 전달하고자 하는 중심 메시지에 적합한 환경을 마련해 준다.

어떤 형태로든 중심 메시지를 언급할 때마다, 목적을 향해 일관성 있게 나가야 한다.

메시지를 스스로 작용하게 만들어라

아이들의 조립식 장난감인 '레고'가 처음 소개되었을 때, 1단계 세트는 다양한 크기와 색깔의 블록들에 문과 창문들이 더해진 형태의 장난감이 담긴 상자였다. 여기에다 좀더 세분화된 블록들과 차고문 등과 같은 것들이 포함된 블록 세트가 나왔다.

이런 블록 세트는 어린이가 있는 가정에 생일 선물로 선택하기에 적당했다.

몇년 후, 레고는 이 블록 세트의 종류에 변화를 주었다. 각각이 단하나의 목적, 다시 말해 헬리콥터를 만들거나 공중전화 박스를 만드는 것과 같은 목적으로 세분화되어 나온 것이었다.

그러자 판매의 급속한 증가가 나타났다. 고객들은 기존 장난감들에 대해선 상당한 불만을 갖었었다. 그 이유는 아이들이 생일 선물에서 꺼낸 블록들을 다른 블록들과 섞어 놓는다거나 소파 밑으로 들어가게 만들어 일부를 잃어버리는 경우도 있었기 때문이다. 고객은 아이들이 놀이방 선반에 올려놓을 수 있는 멋진 조립 헬리콥터 장난감을 사주었다.

이런 판매의 전략은 무언의 메시지를 남겼다. 바로, 아이들 스스로 문제를 해결하게 만드는 방법이 더 효과적이라는 것이었다.

우리는 종종 우리가 지도하는 사람들에게서 이런 질문을 받는다. '제가 처음부터 청중들에게 무엇을 납득시킬 것인가를 그들에게 말해야 하나요?'

그것이 적절한 효과를 나타낸다면 그렇게 하라고 대답한다. 레고 회사는 자신들의 상품을 사람들이 사주기 바라는 것에 대해 매우 개방적인 태도를 보였다. 그러므로 여러분은 청중에게 '제가 여러분의 문제에 대한 해답을 가지고 있다는 점을 확신시켜 드리고 싶습니다.' 라고 말할 필요가 있다.

그런데 그 문제에 대한 해답을 지나치게 많이 설명해서는 안 된다. 청중 스스로 '이것을 선택하다니, 난 정말 현명해!' 라고 생각하게 만든다.

유의할 점 What this means to you

- 청중이 스스로 생각할 수 있도록 생각의 여지를 남겨라.
- 스스로 결론에 이른 청중은 자신의 생각을 완전히 확신한다.
- 그 '자신' 만의 생각 – 당신이 생각나게 했더라도 말이다.

청중이 여러분의 생각에 스스로 손을 뻗도록 만들어라

안토니우스 : 여기 시저의 도장이 찍힌 문서가 있소. 그분의 서재에서 발견한 것이오. 그의 유언장이오. 시민 여러분이 이 유언의 내용을 듣게 되면…… 용서하시오, 난 읽을 수가 없소.

물론, 군중은 안토니우스에게 시저가 그들에게 남긴 마지막 유언장을 읽으라고 소리칠 것이다.

좀더 교활한 청중들에게는 이런 팬터마임 술책이 효력을 발휘하지 못한다. 그러나 발표자가 다음과 같이 말하는 경우에는, 확실한 효과를 얻을 수 있다.

'저는 이런 상황에 대해 오랜 기간 열심히 연구해 왔습니다. 몇 가지 진기한 아이디어를 얻었지만, 제가 이 아이디어를 당신에게 강요해서는 안 된다고 생각합니다.'

또는

'대부분의 사람들에게 결정타가 될 만한 한 가지 다른 증거가 있습니다만, 아마도 여러분 중 많은 분들은 이미 추측하고 있을……;'

키포인트를 수사학적 질문으로 전환해라

안토니우스는 매우 조심스러운 질문들을 여러 차례 던진다.

- 어찌 이것이 시저의 야심이란 말이오?
- 이게 야심이오?
- 왜 여러분은 그를 애도하기를 꺼리는 겁니까?

• 진정하시오. 잠깐 기다려 주시겠소?

• 그럼, 유언장을 꼭 읽어야 합니까?

• 연단에서 내려가도 좋을까요? 허락해 주시겠소?

• 선량한 분들이여, 시저의 찢긴 옷만 보고도 운단 말이오?

안토니우스는 시저의 찢겨진 피투성이의 겉옷을 집어들고 시저의 유언장을 읽지 않은 채 군중들에게 폭동이라는 생각을 조금씩 주입하기 시작한다.

수사학적 질문은 매우 강력한 힘을 지니는 동시에, 그와 같은 정도의 위험성을 가진다. 이런 의도가 잘못 빗나간다면 누구나 당혹스러워한다.

연설자 : 여러분은 쥐인가요, 사람인가요?

청　중 : 찍찍!

또는

연설자 : 여러분 소유의 유람용 대형 보트를 가지고 있다는 꿈을
꿔 본 적이 있습니까?

청　중 : 아니오, 전혀 없어요.

또는

연설자 : 여러분들이 마지막으로 재정적으로 안전하다고 느낀 때
가 언제입니까?

청　중 : 지불 수표를 받았던 지난 달입니다.

그러나 다음과 같이 이 방법을 정확하게 사용한다면, 청중을 내편으로 끌어들일 수 있다.

- 자, 여기 A 카테고리인 우리의 주요 고객들 중 몇 사람이 5년 전에 D 카테고리에서 떨어져 나갔다고 생각하십니까?

- 장기적인 미래에 대해 여러분이 생각하는 것을 늦추는 데는 어떤 이유가 있습니까?

- 우리가 이런 자원들을 수중에 소유하고 있는데도, 왜 이 프로젝

트에서는 그것들을 제외시키는 건가요?

수사학적 질문 조종하기

	질문의 형태	결과 및 반응
닫힘	그렇지 않습니까? 그렇지요? 그럴 수 있지 않습니까?	청중이 고개를 끄덕인다. 친분과 확신을 얻는다.
	우리가 …할 수 있을까요? 여러분은 …합니까? 그들은 …했습니까?	청중은 '네' 또는 '아니오'라고 말한다. 청중으로부터 보다 큰 '구매 심리'를 얻는다.
	이런 선택 사항들 중에 어떤 것?	청중이 의견을 말하되, 발표자가 통제력을 갖는다.
	무엇이?	청중이 기여하거나, 또는 반대로 기여하지 않는다.
	언제? 어디서? 누가? 어떻게?	청중들의 지독한 침묵에 대비해서 비상용 진행 절차가 필요하다(예 : '대부분의 사람들이 이런 점에서 말합니다').
	왜?	토론 시작
열림	에 대한 좀더 다른 생각이 있나요?	이제 토론의 의장 역할을 맡아야 한다.

> **유의할 점** What this means to you
>
> ● 이 장의 제목을 다시 한 번 상기해 보자.
> ● 진술이 논지를 충분히 입증하는 유일한 방법인가?

연습 문제 Exercise

아래 진술들을 수사학적 질문으로 바꾸어 보자(청중은 중국에 있는 공동벤처 회사에 일하러 가는 독일인과 미국인 경영자 그룹이라고 가정한다).

· 서구의 경영 스타일을 이 지역 현장 실무에 융합시킨다는 것은 쉬운 일이 아닙니다.

· 지역 경영자들이 반감을 가질 수 있는데 특히, 여러분이 40% 인원 삭감을 계획하고 있다면 더욱 그렇습니다.

· 서구의 조직 개발 컨설턴트들은 중국의 다양한 문화에 대해 거의 아는 바가 없습니다.

· 우선, 여러분들에게 조언을 해줄 지역 경영 컨설턴트들을 고용하는 문제를 고려해 보아야 합니다.

쉿!

청중들은 여러분이 전달하는 생각들을 제대로 이해하기까지는 시간이 걸리며, 특히 여러분이 모든 답을 명쾌하게 말하지 않는다면 더욱 그렇다.

· 한 번의 질문 안에 다른 것들을 포함시키지 말아야 한다.

연설자 : 여러분에게 묻겠습니다. 그 때가 새로운 정책을 세우기
에 적절합니까? 우리에게 그런 정책들을 이행하기에 적
당한 경영자들이 있습니까? 우리가 그런 사람들을 어디
에서 찾아야 할까요?

청   중 : 저어… 그리고… 마지막 질문이 무엇이었죠?

· 각 질문을 던진 후에는, 청중이 혼자 생각할 시간을 갖도록 내
버려두면서 오랜 시간 동안 말을 멈추게 한다.
· 그 질문에 답을 해주고 싶은 유혹을 물리쳐야 한다.

유의할 점 What this means to you

자신이 문제를 냈다면, 청중에게 그 답에 대해 생각해 볼 시간을 주어
야 한다. 그러나 청중이 그 답을 말할 때까지 기다릴 필요는 없으며, 대
신 이렇게 말할 수는 있다.
● '이것이 여러분에게 생각할 기회가 되었기를 바랍니다. 자, 그럼 다
음 사항으로 넘어갑시다.'

· 이러는 동안 청중을 주의 깊게 관찰해 보면, 그들 스스로 그 답을 찾는 순간을 종종 볼 수가 있다. 청중들은 고개를 끄덕이거나 눈을 깜박이거나, 또는 자리에서 자세를 바꾼다.

신용을 유지함으로써, 자신에 대한 청중의 확신을 쌓아가라

발표자의 이야기를 듣고 있는 청중에게는 지금 자신이 훌륭한 지도를 받고 있다는 확신을 가지게 할 필요가 있다.

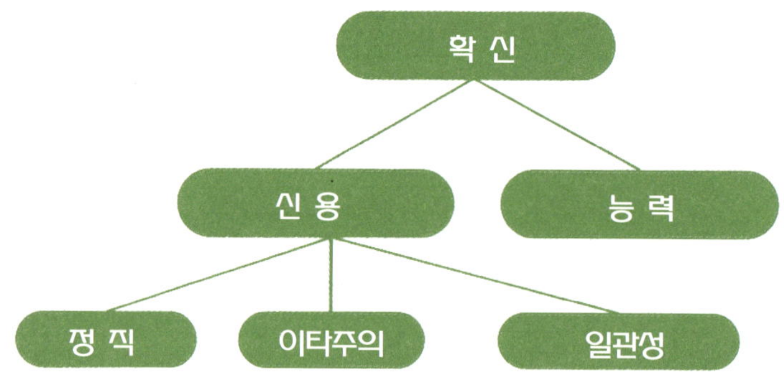

청중이 느끼는 여러분에 대한 확신은 여러분이 가진 개인적 신용, 즉 정직, 이타주의, 일관성에 근거한다. 이것은 또한 청중이 여러분의 능력, 즉 해당 주제에 관해 자유자재로 구사하는 언어 능력과 결과를 만들어 내는 설득력에 따라 좌우된다.

우리는 다음 장에서 이런 능력의 문제로 돌아가 다시 생각해 보도록 하자. 그리고 당신의 능력이 입증될 수 있는 문답 시간에 대하여 설명한다.

개인적 신용은 정치가들에게 매우 중대한 요소로, 불법 선거 운동, 대중 매체의 왜곡, 이익없어 보이는 약속 파기 등과 같은 문제에서 그들이 신용을 유지한다는 것은 어려운 일이다.

정치인들은 정직, 이타주의, 일관성에 대해 같은 말을 여러 가지로 바꾸어 말한다. 주어진 시간에, 이들이 자신들의 미덕(美德) 중 한 가지에서 약점을 보였으면, 나머지 것들 중 한 가지에 대해선 큰소리친다.

좋아요, 저는 거짓말을 했습니다(정직성에 대한 점수 0/10). 하지만, 저는 불우한 사람들을 돕기 위해 그 일을 했습니다(이타주의에 대한 점수 10 / 10). 저는 단 한 가지 우선적인 목적을 추구하였습니다(일관성에 대한 점수 10 / 10).

저는 우리 당원들을 보살펴주고 있었습니다(이타주의에 대한 점수 0 / 10). 하지만, 저는 모든 세부 내용을 숨김없이 발표한 바 있습니다(정직성에 대한 점수 10/10). 또는 저의 행동은 우리 당의 전략의 일환이었습니다(일관성에 대한 점수 10 / 10).

저는 생각을 바꾸었습니다(일관성에 대한 점수 0 / 10). 그러나, 환경이 변화함에 따라 저는 그렇게 하지 않을 수 없었습니다(정직성에 대한 점수 10 / 10). 또는 저는 그와 같은 대규모 운동에 참여해서 투쟁하고 있습니다(이타주의에 대한 점수 10 / 10).

정치 현장에서나 볼 수 있는 이런 기회를 갖게 되면, 이런 테크닉에 유의하라.

> ### 유의할 점 What this means to you
>
> 청중의 확신을 얻기 위해서는, 자신의 신용을 유지할 필요가 있다. 다음 사항들에 주의를 기울이도록 한다.
>
> - 정직해라! 사실에 대한 진실성을 보여 주고 정확하며 정중한 태도를 갖는다.
> - 이타적이 돼라! 그렇지 않으면 적어도, 관대하고 건설적이도록 노력해라.
> - 일관성을 가져라! 믿을 수 있게 철저한 태도를 갖는다.
>
> 여러분이 이런 점들을 유념하고 최선을 다해 자기 관리를 한다면, 청중은 안전하게 동화되고 여러분을 훌륭한 생각을 지닌 건전한 원천으로 보게 될 것이다.

메시지의 불순물을 제거하라

이 책에서는 프리젠테이션에서 여러분이 청중에게 심어 주고자 하는 주된 생각을 적절한 말로 전달하는 것을 설명하기 위해 '중심 메시지'라는 표현을 사용하였다.

많은 사람들은 안토니우스의 연설에서 빈정대는 말투를 기억하고 있다.

- 브루투스는 고매한 분, 그 밖의 분들도 고매하오.
- 그런데도 브루투스는 그를 야심가라 하오. 어쨌든, 브루투스는 고매한 분이오(세 번 반복한다).

브루투스의 운명은 안토니우스가 그를 모든 음모자들 중 가장 추악한 사람으로서 선택했을 때 이미 결정되었다. 그들 모두가 합의하여 시저를 단도로 찔러 죽였는데, 그 '고매한' 브루투스는 바로 시저의 충신이었다.

안토니우스는 여기에서 자신의 중심 메시지를 전한다.

- 브루투스가 찌른 이 상처는 가장 잔인무도했소.

적절한 중심 메시지를 만드는 예

1 수동적이 아닌 능동적인 구문을 사용한다.

"이번 계약은 우리의 판매력에 의해 성사될 것입니다(수동태 문장)"라고 말하기보다, "우리의 판매력이 이번 계약을 성사시킬 것입니다" 라고 말해야 한다.

2 "이것은 저렴한 가격은 아니지만, 긴 안목으로 보면 결국은 여러분의 돈을 절약하는 셈입니다" ('나는 시저를 묻으러 온 것이지, 그를 칭찬하러 온 것이 아니외다')와 같은 문장처럼 대조 구문을 만든다.

3 청중에게 친근한 언어를 사용한다. 예를 들면, '어떤 녀석이 일하지 않고도 1달러를 벌었다면, 그는 벌지 않았던 1달러를 위해 지금 일하고 있습니다' (공산주의자가 미국의 트럭 운전사들에게 설명했다).

4 전통적인 기술을 사용해 보자.

세 가지 요소 : 자유, 평등, 협동

두운법(頭韻法) : 기본으로 돌아가자(Back to Basics).

형태가 기능을 따른다(From Follows Function).

두 가지 병용 : 왔노라, 보았노라, 이겼노라(Veni, vidi, vici)!

국제 무대

문명 사회에서 대중 연설가들은 오래 전부터 지켜온 형식과 토론 규칙이 있다. 뿐만 아니라 여전히 청중들에게 영향을 미치고 있는 많은 일반 개념들에 대해 알고 있다.

죽은 시저를 앞에 두고 연설을 하고 있는 마론 브란도(안토니우스 역). 사실 이 영화는 4세기 전 한 영국인(세익스피어)이 그 당시보다 1,000년 전 로마 시대에 일어났던 사건에 대해 로마 사학자들이 쓴 이야기를 바탕으로 시작되었다.

마론 브란도의 훌륭한 연기에 몰입해 있는 영화 관람객은, 오래 전 옛날 배우가 연기했던 이 영화 필름을 보면서 그의 연기 '방식'을 훈련한 한 미국 배우를 보고 있는 것이다. 실제 안토니우스는 훨씬 더 오래된 그리스 법칙에 따르는 수사법을 교육받았다.

이렇게 오래 전 영화가 현재에도 영향을 미치는 이유는 다음과 같다.

- 어느 시대, 어느 장소에서나 청중들은 잘 다듬어지고, 제대로 전달되는 메시지에 대체로 같은 방식으로 반응해 왔기 때문이다.
- 어느 시대, 어느 장소에서나, 영리한 연설가들은 동일한 기본 원리에 따라 자신들의 메시지를 계획하고 전달해 왔기 때문이다.

지시하지 말고 일깨워라

여기에서 말하고자 하는 첫 번째 메시지는 다음과 같다.

- 자신의 목적을 분명하게 기억하라!
- 자신의 메시지를 스스로 작용하게 만들어라!
- 청중이 여러분의 생각에 스스로 손을 뻗도록 만들어라!
- 쉿! 키포인트는 수사학적 질문으로 전환해라!

위에서 언급한 사항들은 여러분이 청중에게 연설을 하는 곳 어디서나 변하지 않는 진리이다.

구 소련 국민들은 규격화된 신념으로 장황한 열변을 토하고 으름장을 놓는 연설에 익숙하다. 고등학교 이후 진학에 실패한 미국 사람들로 이루어진 청중들은 처음에 많은 생각을 불러일으키지 않고도 반응하는 경우가 많다.

오일 엔지니어 일을 하는 시베리아 인이나 아이스크림 판매원을 하고 있는 미국인이 청중일 경우가 있다. 여러분이 그들에게 나름대로의 결론을 모색할 자유 시간을 주었을 때, 그들은 잠시 당황해할 수도 있다. 그럴 때는, '제가 칠판 위에 하나의 질문을 쓰면, 여러분이 그 답이 무엇인지 생각해 보시기 바랍니다.' 라는 식으로 질문을 던지고 있다는 사실을 매우 분명하게 드러낼 필요가 있다.

그렇게 되면 청중들은 재빠르게 그 과정에 몰입할 것이고, 지금까지

와는 볼 수 없었던 새로운 방법으로 메시지를 전달한 발표자를 오랫동안 기억하게 된다.

적합한 사람을 택하라

확신과 신용의 문제에서, 심오한 문화적 프로그래밍이 있어야 한다고 분명히 언급한 바 있다.

29세의 청년이 심각하게 제안하는 문제를 고령의 일본 간부들로 구성된 청중들이 받아들이긴 매우 어렵다.

또한 이란 사람들이 청중이라면, 긴 금발머리를 한 백인 여성의 말을 진지하게 경청하기 어려울 것이다.

언어에 주의하라

프랑스 어, 이탈리아 어, 스페인 어를 기반으로 하는 나라에서 프리젠테이션을 하고 있다면, 청중이 라틴계 말을 더 쉽게 소화해 낸다는 사실을 깨닫게 될 것이다.

- 저희는 원하는 만큼 많이 팔지 못했습니다.

라는 말은 이렇게 바뀌어야 한다.

- 유감스럽게도, 저희는 판매량에 있어서 당초의 목적을 달성하

지 못했습니다.

이것은 장식적인 언어 사용이나 은어를 사용하는 술책을 써보라는 뜻이 아니다. 이 말에는 다음과 같은 진실성이 담겨 있다.

- 이에 대한 수요가 없습니다.
- 이 제품을 원하는 사람이 전혀 없습니다.
- 저희는 현재 시범적인 단계에 있습니다.
- 저희는 여전히 새로운 계획을 구상하고 있습니다.

6

주장을 명확히 구사하고
효과적으로 전달하는 테크닉

유능한 프리젠터가 되려면

음의 상황에서 여러분은 청중의 특성을 고려해야 한다.

- 지식 수준(정보 전달을 위한 프리젠테이션의 경우)
- 요구와 욕구(보다 설득력 있는 프리젠테이션의 경우)

지금까지 유용한 정보를 아주 엄정하게 선택했다. 그리고 이러한 정보들을 효과적인 최소한의 것으로 압축했다.

이제 이러한 소재에 어떤 구조를 부여해야 하는지가 문제이다.

특정한 구조를 부여하기 위해, '정보 전달'에서 '설득'으로 관점을 맞추고, '가르침'이라고 말하는 범위를 잠시 생각하며, 대학 강단과 고등학교 교실의 발표자들에게서 우리가 무엇을 배울 수 있는지 검토해 보자.

일반적인 것에서 특수한 것으로

단순히 정보 전달만이 목적인 프리젠테이션에서는 그 출발점이 청중의 지식 수준으로 결정된다. 얼마나 많은 것을 청중이 알고 있는가? 자, 이제 여기에서부터 생각해 보자.

전문가, 아마추어, 무지한 사람 등으로 구성된 다양한 지식 수준을 지닌 청중들에게 발표할 때, 한 가지 문제점에 부딪치게 된다. 이때에는 전달 대상을 중간층으로 정하고 다음과 같이 말하면서 발표한다.

- 여러분 대부분은 이것을 잘 아시겠지만, 준비할 때까지 잠시만 기다려 주십시오.

그리고 준비한다. 청중에게 일반적인 상황을 제시하면서 이것을 그림으로 보여 주어라.

청중은 그들의 정보 저장 시스템의 스위치를 켜고 가동시킬 시간이 필요하다. 즉, 청중 각자의 머릿속에는 수많은 정보들로 하나의 도서관을 이루고 있으며, 여러분이 전달하는 새로운 생각이 형태 없이 청중의 머릿속에 도착하면, 그들의 머릿속에서 잘못 분류되어 버리거나 거부당할 수도 있다.

그런 다음 이렇게 말한다.

- 이러한 상황에서는 하나의 품목에 초점을 맞추겠습니다.

상품에 대한 내용을 전달할 때는 이렇게 말한다.

- 지금은 가장 특징적인 것들만을 중점적으로 설명하겠습니다. 상세한 사항은 이 시간이 끝나고 나눠 드릴 유인물에 자세히 설명돼 있습니다.

프리젠테이션 동안 그 신중한 선택을 잘 유지되도록 한다. 그러나 '전문가'는 좀더 많은 것을 알고자 하는 욕구를 갖는다.

청중을 계획적으로 이끈다.

- 여러분에게 15분 정도 드리겠습니다. 15분 후에 질문을 해주십시오.
- x, y, z 라는 세 가지 문제에 대해서 주로 다루겠습니다.

그리고 계획에 따라 순서를 세운다.

- x에 대해서 다루었습니다. 질문이 없으면 y로 넘어가겠습니다.
- y에 대해서 다루었습니다. 자, 이제 z로 넘어가 봅시다.

전체의 소재를 짜임새 있게 구성한다. '그리고', '또한', '더군다나' 등은 아주 약한 연결어이다. 이렇게 말하는 것이 좋다.

- 이것은 확실히 ……를 뜻합니다.
- 당연히 이것은 우리로 하여금 ……한 다음 항목을 생각하게 합니다.

특정한 말로 끝맺음을 할 때는 이렇게 말한다.

- 자, 제가 말씀드린 모든 것들을 좀더 큰 곳에 적용시켜 봅시다.

그런 다음 개략적으로 요약한다면 청중은 전체를 쉽게 기억할 수 있다. 새롭게 전달된 정보는 오른쪽 뇌로 들어가 작용하기 때문에 정확하게 기억될 것이다.

여러분의 임무는 청중에게 정보를 알리고 청중이 그것을 기억하도록 돕는 것이다. 발표자는 혼자서 연기하는 코미디언이 아니며, 쉬지 않고 정보를 전달하기도 어렵다. 말을 너무 빨리하면 발표가 끝나고 한 시간 후에는 청중 가운데 어느 누구도 여러분이 말한 내용의 20%조차도 기억하지 못한다. 청중의 집중력에는 한계가 있으므로 여러분이 말하는 내용을 청중이 받아들일 수 있도록 단계별로 설명해야 한다.

보고서를 작성할 때, 분류, 제목, 주제, 단락 사이 등을 충분히 활용하여, 읽는 사람이 제대로 파악할 수 있게 해야 한다.

청중이 발표자의 말을 다 알아듣기는 힘들다. 청중은 놓친 페이지를 다시 찾아볼 시간적 여유가 없다. 여러분 또한 발표자로서 재생 버튼을 사용할 수 없다. 그러므로 청중에게 줄 수 있는 도움은 모두 주어야 한다.

청중의 관심을 검토하라

중세 시대만 해도 정보란 그 자체만으로 드물고도 진귀한 것이었다. 그래서 사람들은 세상에 대한 새로운 소식과 정보 없이도 잘 살았다. 마을에 온 관광객, 전쟁에서 돌아온 병사 같은 사람이 새로운 소식을 가져오면, 그들은 그 정보만으로 세상을 다 아는 듯했다.

오늘날에는, 세계적 명성을 지닌 학자나 교수 등이 청중(그의 강의를 들으려고 티켓을 구입한 자)들에게 강의하려 할 때 이와 비슷한 모

유의할 점 *What this means to you*

- 여러분의 정보가 청중에게 얼마나 흥미 있고 중요한 건지 신중하게 정하라.
- 청중에게 맡겨라. 여러분이 전달하고자 하는 내용에 대한 청중의 반응이 열광적일 것이라고 자신 있게 말할 수 있다면, 가능한 것이다. 그렇지 않으면 여러분이 제공한 정보에 대한 청중의 반응이 그저 그렇다는 것을 느낄 수도 있다.
- 프리젠테이션 초반에 청중에게 여러분이 말하려는 소재가 몇 분을 할애할 만큼 가치 있다는 것을 각인시켜라.

그렇게 하면 정보는 잘 짜여지고 확실히 분류되어 청중에게 전달된다.

습을 보이곤 한다.

산업화된 세계에서 청중은 정보의 바다에 빠져 있다. 그렇기 때문에 여러분이 말하려는 것을 얘기하기도 전에 그들은 이미 많이 알고 있다.

그래서 청중들도 자신들이 알고 있는 사실을 발표자가 다시 번복해 얘기하는 것을 원치 않을 수도 있다.

청중에게 맞는 정보를 선택하라.

한 작가가 많은 외국인 노동자를 채용한 어느 회사의 워크샵에 참가했다. 회사는 외국인 노동자들을 자체 연수원에 숙박시켰다.

상급 관리자가 회사의 발전 계획과 그들이 앞으로 해야 할 역할에 동기 부여를 위한 초반 발표가 있었다. 부하 직원에게 직무와 관련된 아래의 사항들에 대해서 그들에게 얘기해 주라고 했다.

- 매점의 식품에 대한 불편 사항은 어디에 말해야 하나
- 화장실에 대한 불편 사항은 어디에 말해야 하나
- 여직원들이 지켜야 할 규칙

몇 달 후, 외국인 노동자들은 몇몇 상급 관리자들이 발표한 것보다, 그 부하 직원의 발표가 더 좋았다고 평가했다. 그들은 그 부하 직원을 '사내에서 가장 영리한 사람'이라고 말했다.

자극을 주면서 시작하라

자신이 갖고 있는 정보가 구조적으로 잘 짜여져 있고 적절하다 하더라도, 청중이 만족하지 않을 수 있다.

'이것은 1878년에 모두 시작되었습니다.' 라든지 '대부분의 사람들은 이와 같이 장비를 어려움 없이 설치했습니다.' 등의 표현은 지루하다.

프리젠테이션 초반에는 현재나 가까운 미래에 대해 말하라. 아래와 같은 표현으로 청중의 욕구를 자극시켜 보아라.

- 다음 주면 8년간의 결실을 보게 됩니다.
- 내 이웃은 현재 에너지 절약 시스템을 사용하고 있는데, 설치하는 데 1주일 밖에 안 걸린다고 합니다.

좋은 보도 자료와 신문 기사가 바로 이러한 규칙을 따르고 있는데 독자의 관심을 끈다는 점에서 목표는 같다.

언론 관계자들의 기술을 인용하라

청중과 초기에 접촉하라

여러분이 청중에게 다가가고 싶어한다는 사실을 인식시켜라.

"예전에 갔던 술집에서 할리가 내게 애기를 했던 적이 있었습니다."

나이트 클럽 사회자의 기술을 인용하라

집중도 높은 지점을 이용하라

청중의 집중 / 이완 곡선은 아래의 그림과 같다.

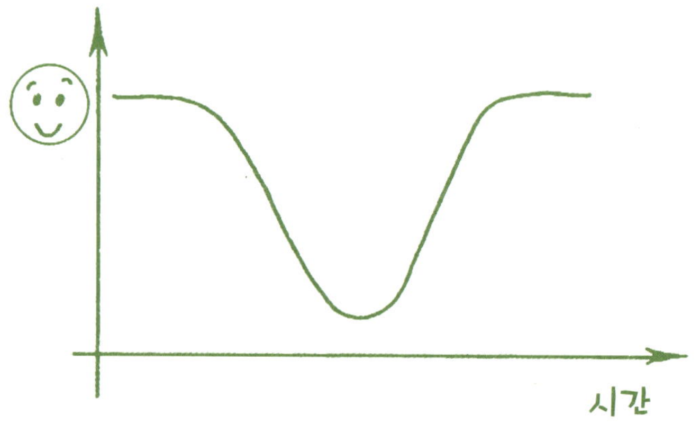

사람들은 흔히 처음과 마지막에 들은 것만을 기억한다. 반면, 발표 중간에는 대부분 졸면서 시간을 보낸다. 5분 이상 발표하는 경우에는 늘 이러하다.

훌륭한 교사는 집중 / 이완 곡선을 잘 파악하여 학생들에게 적용한다. 그래서 수업 시작과 끝에서 가장 중요한 정보를 제공한다.

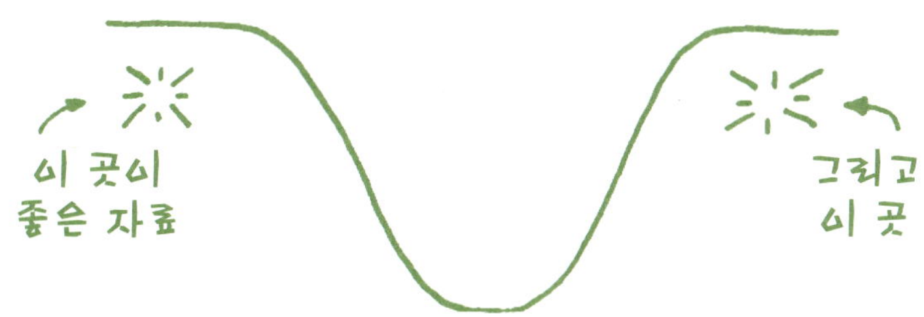

물론, 곡선 모양을 달리하여, 집중도 지점을 청중에게 맞게 정할 수 있다. 즉, 템포를 임의로 조절할 수 있다. 훌륭한 교사는 이것에 노련하다.

음성을 이용하라

말의 리듬이 처지면 청중은 졸게 된다. 확신 없고 맥없는 말투는 여러분 자신에 대한 확신을 주지 못하며, 메시지에 대한 확신을 떨어뜨리게 한다.

중요한 순간에는 볼륨과 주파수를 높여라. 앞장에서 '일시 중지'의 중요성에 대해 언급했던 모든 것을 되새겨 보자.

연습 문제 **Exercise**

월요일부터 시작하여, 한 주의 모든 요일을 읊어 보아라. 음성에 리듬을 실어 본다. 1월부터 시작하여 한 해의 모든 달을 위와 같이 읊어 보아라.

청중이 보는 도구를 수시로 바꿔 보아라

화이트보드에서 플립차트, OHP, 영상 빔 등으로 청중이 보게 되는 교구를 수시로 바꿔서 보여 주어라. 다양한 교구는 청중이 자극을 일으키는 데 도움을 준다.

여러분의 행동 방식을 바꿔라. 연극 배우처럼 제스처를 잘 한다면야 상관없다. 의도적으로 울거나, 체홉의 작품 속 주인공처럼 연기하라는 말이 아니다. 다만 형식적인 것에서 비형식적인 것으로, 정적인 것에서 동적인 것으로, 딱딱하고 무거운 분위기에서 부드럽고 친숙한 분위기로 요령 있게 바꾸는 능력을 말하는 것이다.

이런 행동을 자연스럽게 하지 못한다면 다음과 같이 해 보라.

- 무대에서 위치 이동을 해보아라.

  예 : 왼쪽에서 오른쪽으로, 앞에서 뒤로, 강단 뒤에서 앞으로.

- 포켓에서 메모지를 꺼내라.

  예 : 헤럴드 맥밀런은 발표할 때 긴장감을 주기 위해 호주머니

160

에서 종이를 더듬어 찾아내고 그것을 '참고했다.'

- 현재 쓰고 있는 안경을 벗고 다른 안경을 꺼라.
- 앉고 서기를 반복한다.

청중에게 무언가를 하게 하라

회의실은 놀이터나 장난치는 공간이 아니기 때문에 발표 중에는 사실상 청중이 마음대로 행동할 수 없다. 이런 회의실의 딱딱한 공간 개념을 새로운 환경으로 만들어 주는 것이다. 청중에게 손뼉을 치게 하거나, 손을 잡게 하고 호주머니를 비우도록 하고, 종이에 답을 쓰게 한다. 또한, 잠시 눈을 감게 하고 있다가 눈을 뜨게 한 후 서로를 보게 하여, 앉거나 일어서게도 할 수 있다.

농담을 하라

'조크'란 들을 만한 농담을 뜻한다. 하지만 진실로 농담을 잘 전달할 수 있고, 농담이 여러분의 주장을 뒷받침해 줄 수 있을 때만 하라.

파티에 참석해서 농담을 했을 때, 사람들의 웃는 표정을 살펴보아라. 그들이 진짜 재미있어 하는지, 아니면 예의상 웃어 주는 것인지. 그들이 예의상이라도 웃어 주지 않으면, 여러분은 프리젠테이션에서 농담을 써먹지 말아야 한다.

농담 같지 않은 농담을 하거나, 좋은 농담을 효과적으로 소화해 내지 못하는 교사는 학생의 야유 섞인 목소리가 들려오는 것으로 농담의 실패를 확인할 수 있다. 이런 상황은 직장에서도 흔히 나타난다. 농담에 서툰 상급 직원이 프리젠테이션에서 농담을 얘기할 때, 부하 직원들은 억지로 웃어 준다.

항상 모자랄 때가 더 좋은 것임을 명심하자

강의 시간은 경제적일 필요가 있다. 훌륭한 교사는 어려운 수업을 할 때 특별한 자극만을 줄 뿐, 50분 강의 시간을 모두 채우지 않는다.

제2장으로 돌아가라

지금까지 우리는 시각 교구, 이야기, 감정의 효과에 대해서 상세히 다루었다. 적절한 그림, 이목을 끄는 이야기, 유쾌한 반응과 즐거움, 때로는 괴로움 등이 청중을 긴장시킨다.

아동 심리학자들은 이것을 '색깔-그리고-움직임' 이라고 말한다. 이것은 청중을 환상에서 건져내어 프리젠테이션을 듣는 현재의 자신들에게로 돌아오게 만든다.

> **유의할 점** What this means to you
>
> 최고의 교사들처럼, 프리젠테이션 동안에 청중의 감각과 상상력을 자극해서 청중의 집중도를 조절해야 한다.

우리의 관심을 정보에서 가르침으로 이동시켰다. 다음으로, 설득의 마무리 단계에서 발표자에게 도움이 되는 가장 효과적인 구조를 발견한다.

우리는 매일 이러한 결정을 하게 된다.

- 오늘 고객과의 미팅이 있으니까 다크 블루 정장을 입어야 하는데, 어떤 셔츠를 입을까?
- 연회색 셔츠가 좋은데 세탁 중이고, 분홍색 줄무늬 셔츠가 있긴 한데 어울리는 넥타이가 없네, 그러면 어떻게 하지?
- 그래, 화이트 셔츠를 입어야지.

최근에 여행에서 무엇을 할지, 어머니 생신 때 무엇을 선물할지 등등 일정한 구조를 갖고 있는 일상 생활의 사소한 결정에 대해 생각해 보자.

문제를 해결하는 대화를 보자.

- 애들이 크니까 침실이 하나 더 있어야 할 것 같아요.
- 당신 공부방을 없애고 부엌에서 글을 쓰면 어때?
- 밥 먹는 시간과 제가 공부하는 시간이 겹치면 어떡해요?

- 차라리 이 기회에 조금 큰 집을 장만하는 건 어때요?
- 좋아, 그럼 시내에 좀더 싼 집을 구해 보자. 같은 값에 방이 더 많은 집을 찾아보자.

이러한 대화 소재의 특성상, 그리고 해결 방법이 한정되어 있을 때, 유일한 해결안은 바로 타협이다.

설득을 하는 프리젠테이션에서 이러한 방법은 청중을 여러분의 결정 노선으로 끌어들일 수 있게 하는 데 도움이 된다.

여러분의 주장에 엄격한 구조를 부여하라

1. 청중에게 필요한 상황을 제시하라 : 현재 우리의 상황은 …입니다
2. 그러한 조치를 취해야 한다고 보여 주어라 : …한 결정을 내려야 합니다.
3. 선택 사항을 제시하라 : …도 할 수 있고 …도 할 수 있고 …도 할 수 있습니다.
4. 선택 사항을 평가하라 : x라는 이유로 … y 에도 불구하고 … z 를 고려합니다.
5. 여러분이 제안을 하라 : 확실한 선택은 …입니다.

프리젠테이션 기술 분야의 최고의 작가인 안토니 제이(Antony Jay)는 이러한 과정을 '4P'라는 즉, '상황(Position) → 문제점(Problem) → 가능성(Possibilities) → 제안(Proposal)' 네 단계로 압축한다.

각 단계에서 청중은 동의의 신호를 보낸다.

'맞아요. 그거네요 ……당신의 이론에 따르겠어요.'

이러한 논리에 따르는 것은 곧 여러분의 제안에 따르는 거와 같다.

발표 구조를 청중에 맞게 정하라

평가 단계는 상당히 중요하다. 청중은 여러분이 정한 기준에 따라야 하기 때문이다.

청중은 여러분이 정한 선택에 따르는 데 있어 강력한 근거(개인적 · 정서적 · 정치적 · 문화적)를 갖는다. 이때 여러분은 그것을 배제할 수 없다.

- 공산당원 체 게바라의 무장 혁명 사상을 일반적인 생각으로는 받아들일 수 없다.

청중마다 우선시하는 부분이 제각기 달라서, 간혹 여러분의 주장을 설득력이 없고 불합리한 것으로 여길 수도 있다.

- 트럼프 씨는 값이 저렴하다는 이유로 기차보다는 버스를 선호

한다.

여러분의 회사 사장이 이 책을 읽어야 하는 여섯 가지 이유가 여기 있다. 중요한 순서대로 등급을 매겨 보아라.

1. 그의 프리젠테이션에서 몇몇 사람들이 졸기도 한다.

2. 그는 독서 관리 서적을 좋아한다.

3. 그는 의사 소통 기술의 재교육 강습을 듣기로 결심했다.

4. 그의 시각 교구는 지루하다.

5. 그는 프리젠테이션 할 때마다 촉각을 곤두세운다.

6. 몇 년 동안 같은 방식의 프리젠테이션을 세 번 실시했다.

 국제 무대

제스처

말할 때 팔과 손을 자연스럽게 사용하다 보면, 때로는 청중에게 불쾌감을 줄 수도 있다.

손가락을 세우는 것은('들어보세요!' 라고 말하면서) 대부분의 국가에서 남성의 음경이 발기되는 것을 상징한다.

엄지손가락과 집게손가락으로 동그랗게 원을 만드는 것은('완벽해요!' 라고 말하면서) 여성의 외음부를 상징한다.

이탈리아나 오스트리아에서는 프리젠테이션을 할 때는 호주머니 안으로 손을 넣지 말아야 한다. 손과 손가락 모두 꺼내 놓고 자연스럽게 손을 잔 모양으로 만든다.

자, 이제 손짓, 몸짓, 강조 등의 제스처를 해보자.

농담

농담은 각 나라의 문화에 따라 매우 다르다.

즐거운 일화, 재미있는 자세, 재미난 그림 같은 것들이 이에 해당된다.

그러나 판매를 위한 농담을 할 때, 말하는 사람은 신이 나지만 듣는 사람한테 지루한 이야기라면 하지 않는 것이 좋다.

질문과 대답 시간

여러분의 능력에 대한 문제가 다시 제기된다. 청중으로 하여금 여러분이 지시하는 것이 무엇인지를 알도록 한다. 청중으로부터 여러분의 입장을 굳히는 최적의 시간은 바로 질문과 대답 시간이다.

올바른 태도를 가져라

청중과 긴밀한 관계를 만들기 위해 노력해야 한다. 여러분의 프리젠테이션이 라디오에서 흘러나오는 독백극처럼 되어버려서는 안 된다.

발표자의 수많은 생각들이(완벽한 상태가 아니라 할지라도) 청중에게 전달되는 동안 청중과의 접촉을 긴밀히 유지한다. 그러나 청중이 질문을 던질 때(실제로, 바로 기억에 남을 만한 대화가 비로소 시작되는 것이다) 그러한 정보 가운데 일부는 소용없게 되거나 무의미해 버릴 수도 있다.

여러분의 질문과 대답

질문이 쓸데없거나 부적절할 경우?

이러한 질문들은 여러분에게 질문한 사람의 상황에서 나오며, 질문자는 여러분의 생각을 자신의 세계에 맞추려고 한다.

흔히, 이러한 질문이 바람직하다.

'당신의 제안을 잘 파악할 수 있도록 다시 한 번 설명해 주세요?'

'부적절한 질문' 이라고 질문에 대한 답변을 일축하면 안된다. 조금 다른 각도로 질문자에게 여러분의 주장을 설명할 기회를 한 번 더 제공한다.

- 물론 당신의 입장에서 보면 이것이 매우 중요하다고 생각됩니다.
- 하지만, 핵심적인 면에서 그 문제를 고려해 봅시다.

악의를 포함한 질문일 경우?

그렇다고 되갚으면 안 된다. 어떤 한 명의 청중과 싸운다면, 그것은 곧 모든 청중과 싸우는 것이 되기 때문이다.

일단은 인내심을 갖고 답변해야 한다. 그래도 청중이 계속 악의를 갖고 질문한다면, 정도를 파악하고 여러분에게 이익이 되도록 단체의 힘을 활용해라.

'지금 당장은 당신을 만족시켜 드릴 수 없을 것 같습니다. 시간이 조금 지나서 그 문제에 대해 다시 한 번 생각해 봅시다. 그 문제 하나로 모든 사람들의 시간을 뺏는 것보다는 다른 사람의 질문을 받는 것이 좋을 것 같습니다.'

질문자가 발표자 보다 더 많이 알고 있을 경우

청중의 지식 수준이 천차만별일 경우, 청중의 일부는 어떤 면에서 여러분보다 더 전문적인 지식을 갖고 있을 수도 있다.

이런 상황에서는 그러한 청중의 질문은 질문으로서 받아들여지는 것이 아니라 '질문자' 가 다른 청중에게 자신의 전문 지식을 전달하는 수단으로 비쳐진다.

'이 문제에 대해 당신이 길버트 교수의 작품을 얼마나 많이 이용할 수 있습니까?' 라든지 '달러에 대한 엔화 환율이 떨어질 가능성을 고려할 때, 수출액이 조금 낮아지지 않을까요?' 등의 질문들이 이에 속한다.

이럴 경우엔 대답하지 않는 것이 좋다. 좋은 질문을 해주셔서 고맙다며 그의 생각을 물어본다.

질문의 내용을 파악하지 못할 경우

질문의 내용을 파악하지 못할 경우, 즉시 다시 물어보아라. 발표자가 잘못된 질문에 대답하는 것만큼 당황스런 일도 없다.

어떻게 대답해야 할지 모를 경우

청중의 반응에 당황할 수도 있지만, 이렇게 말하라. '가능한 빨리 답을 찾아서 알려드리겠습니다.'

질문과 대답 시간을 준비하는 방법은?

프리젠테이션에 대한 준비 자체만으로도 전투의 반을 치른 것이다.

계획적이고 조직적인 발표자는 질문에 만족스럽게 답변하는 방법을 찾을 수 있으며, 그것을 그의 핵심 메시지에 연관시키고, 청중과의 관계를 발전시키는 수단으로 사용한다.

1. 얼마나 어려운 질문이 나올까 예상해 두어라.

예상 질문을 적용시켜 보자.

- 일단 지금은 x에 관한 문제를 배제시키는 것이 좋겠습니다.

- 그 문제에 관해 여러분이 특별한 관심을 갖고 계신다면, 토론 시간을 가져보겠습니다.

2. 대답을 여러분의 목표에 맞춰라.

기자들의 질문을 무시한 채 자신의 주장에만 열변을 토하는 정치인처럼 되지는 말고, 이렇게 말하라.

- 그것이 당신의 질문에 대답이 된다면, 그것은 또한 본 토론에서 우리가 깨달은 것을 보다 명백히 해줍니다.

3. 여러분의 메시지를 표현할 때 두세 가지 방법으로 다르게 적용하라.

여러분이 같은 구절을 여러 차례 반복할 경우, 진실성은 떨어진다. 변화를 가하라.

- 스페인에서는 비가 주로 평지에 내립니다. 반도의 저지대에는 강수량이 많습니다.
- 산으로 간다면 많은 비는 기대할 수 없습니다.

4. 예비적으로 특별한 증거물을 준비하라.

프리젠테이션 동안에 여러분의 키포인트는 구체적인 실례, 정확한 자료, 전문가의 의견 등이 뒷받침되어야 한다. Q&A 시간은 좀더 심도 있게 문제를 다루기에 좋은 시간이다.

• 이것을 보여드릴 의향이 없었는데 요청하시니까 보여드리는 겁니다. 이 새로운 시스템을 1년 전에 개발했을 때, 우리 콜롬비아 자회사가 얻은 결과를 나타낸 그래프입니다.

청중이 아무런 질문도 하지 않을 경우

'질문 있습니까?' 라고 청중에게 물었는데 침묵만이 흐를 경우, 그리고 그 침묵이 계속될 경우, 어느 누구도 질문을 하지 않을 때 당신은 더더욱 힘들어질 것이다.

이러한 힘든 상황을 피하는 두 가지 방법이 있다.

1. 미리 질문을 던져라.

청중이 질문을 시작하기 전, 적절한 시기에 맞춰 청중이 관심을 가질 흥미 있는 질문을 미리 던져라. 그러면 몇몇 청중들의 손이 올라간다. 여러분의 질문에 답변을 해줄 원조자를 제외하고 누군가를 선택하라. 여러분이 원조자의 질문에 대답할 때에는 너무 오래 끌지마라. 다만 딱딱한 분위기를 풀어주는 정도여야 한다. 여러분은 진실에 근거하여 보충 질문에 전문적 조언을 줄 수도 있다.

2. 여러분 자신에게 질문을 요청하라.

① 오래된 질문 거리를 제시한다.

- 동료가 전날 내게 이렇게 묻더군요.

② '시사적인' 질문.

- 여러분들 가운데 몇 분이 로비에서 xyz에 대해 논하는 것을 들었습니다. 이 말을 듣고 저는 ……한 생각을 했습니다.

③ '긴급한' 질문.

- 인사부장님께서 오셔서 저를 공항에서 픽업해 주셨습니다. 그동안 우리는 ……에 대해 얼마 동안 이야기를 나누었습니다.

④ '조사' 질문.

- 이베리아 반도 고원의 강우량에 관한 질문에 대해 제가 사실대로 말한 것 같지 않습니다.

여러분이 던진 질문에 대해 여러분 자신이 대답한 것이라고 생각하는 청중은 거의 없을 것이다. 청중 대부분은 여러분이 능숙하게 대처하는 것에 감탄할 것이다.

질문에 대처하기

프리젠테이션을 한다는 것 자체는 기본적으로 스트레스를 받는 경험이며(왜 모든 사람들이 나를 이렇게 심각하게 쳐다볼까? 청중은 나를 테스트해보고 싶어할지도 몰라. 등), '충분한' 아드레날린의 분비는 프리젠테이션에 높은 에너지를 부여한다. 그러나 Q&A 프로그램에서는 준비가 충분하지 못할 수밖에 없다.

예컨대, 시골길을 고속으로 운전하는 여러분의 모습을 그려보아라. 첫 번째 질문자는 손을 흔들면서 차도로 갑자기 뛰어드는 보행자와도 같다. 여러분은 브레이크를 갑자기 밟는 것처럼, 뜻밖의 대답을 하게 될 것이다.

'17.5%입니다. 분명합니다. 모든 사람들이 그렇다고 알고 있습니다.' 라고 대답하거나, 성급한 나머지 '그 질문에 대한 대답은 제가 보여드린 세 번째 그래프에 나와 있습니다.' 라고 대답한다.

여러분은 그 책임을 대답하기 어려운 질문자에게로 돌려버리거나 청중 가운데 아무한테 질문을 돌릴 수도 있다.

자극을 주고 끝내라

Q&A 시간이 끝나갈 때 또는 차 마시는 시간 바로 전에, 여러분이 최대한 당당하게 대답할 수 있는 질문 하나를 청중에게 최종적으로 던진다.

청중은 여러분의 답변에 대한 자극을 기대하면서 관심이 최고조에 이르게 된다. 이때, 여러분은 강력하고도 확실한 인상과 메시지를 심어 줄 수 있다.

1. Q&A 시간의 초기에 기어를 바꿔라. 강단에서 위치를 바꾸거나, 테이블 모서리에 앉는 등, 그리고 이렇게 말하라.

   "자, 조금만 쉽시다. 제가 좀 쉬는 동안 질문할 것이 있으면 생각해 두세요."

2. 질문을 기꺼이 받아들여라. 청중의 반응이 두려워서 '좋은 질문이네요.' 라는 말을 하지 말자.

   오히려 '그 질문을 해주셔서 감사합니다.', '그 질문은 제게 …에 대해 생각할 기회를 주었습니다.', '……에 대해서 참 흥미 있는 각도로 생각하셨습니다.' 등 이렇게 말하는 것이 좋다.

3. 신중해라. 아래의 내용에 유의하라.

- 한쪽 눈썹을 치켜 뜨고 말하지 마라('이 질문이 무엇을 말하는지 모르겠군').
- 한숨을 쉬면서 외면하지 마라('내가 바보들한테 얘기하는 것 같군').
- 질문자의 말을 가로막지 마라('그래요, 하지만 그 말을 다 듣기엔 시간이 너무 아깝군요').
- 너무 쉽게 대답해 버리지 마라('너무 쉬운 질문이군').

이렇게 해보자.

- 신중하고, 친절하게 관심을 보여라.
- 잠시 멈추고, 당신이 질문에 대답할 것을 생각하고 있다는 것을 청중

에게 보여 주어라.

4. 청중이 한 질문을 제대로 이해하라. 이런 식으로 말하라.
   "다른 표현으로 질문해 주시겠습니까?"
   "……라고 질문하신 것 맞죠?"

5. 질문에 대한 답변이 길어질 것 같으면, 청중 모두에게 이렇게 말한다.
   "브라운 씨께서 왜 이런 질문을 하셨을까요?"

6. 답변 끝에는 질문자가 답변에 만족했는지를 확인한다.
   "질문에 대한 답변에 만족하십니까?"

국제 무대 : 질문과 대답

여러분이 비영어권 사람들과 함께 영어(국제적인 비즈니스 언어)를 구사할 때 감사나 칭찬, 감격 등의 메시지는 직접적으로 전한다.

그런데 흔히 이러한 메시지를 전달할 때는 반구두적 신호로 보낼 경우도 있다. 영어로 이렇게 말하는 것이 난처하거나 어색하기 때문이다.

• 여러분은 이러한 문제에 대해서 스스로 판단할 권리가 있습니다.

• 여러분들이 제게 시간을 내주셔서 감사 드리며, 제가 오늘 제시
  할 의견이 여러분에게 큰 도움이 되었으리라 생각합니다.

  그러나 이 말은 청중이 영어를 외국어로서 듣고 있을 때 해야 하는 말
이다. 청중은 이 말을 듣고 여러분이 과장해서 말한다고는 생각하지 않
는다. 오히려 자신들에게 진심으로 대한다고 생각해서 좋아할 것이다.
  영국 사람이 영국인 청중에게 말할 때, 질문에 대답해야 하는 상황에
서 다음과 같이 말한다면, 청중은 마음 속으로 내켜하지 않을 것이다.

• 참으로 흥미 있는 질문입니다. 제가 그런 질문에 답변해 드릴
  수 있다는 것을 영광으로 생각합니다.

  청중의 질문을 진지하게 생각하는 목소리로 말하려면 이렇게 '억지
로 과장해서 말하는' 것보다는 오히려 말하지 않는 편이 낫다.
  외국인 청중이 여러분의 어조나 함축적인 메시지를 이해하지 못할
경우도 있다. 이럴 때는 크고 분명하게 말하라.

• 유익한 질문이네요! 감사합니다!

예행 연습

동료들 앞에서 예행 연습을 할 때, 동료들에게 아래와 같은 체크리스트로 평가해 달라고 부탁하라. 그리고 그 평가에 초점을 맞춰라.

훌륭한 프리젠테이션이었나?

여러분의 코치가 이 모든 것들을 한 번에 평가해서는 안 된다. 몇 개

	아니오	?	예
행동 시선 맞춤 / 얼굴 표정 / 자세 / 제스처 움직임 / 목소리 : 특색과 페이스 맞추기			
단어 간단 명료 / 구체적이고 익숙한 예 기억에 남을 메시지			
시각 교구 등 시각성 / 흥미성 / 독창성 / 경제성 / 관련성			
구조 논리적 흐름 / 명확한 단서 강한 시작 / 강한 마무리			
청중에게 인식시킨 것 '저는 여러분(청중)의 입장에 있습니다.' '이것이 여러분(청중)에게 의미하는 것입니다.'			
청중에게 준 것 유용한 생각과 소재 / 긍정적인 효과			

의 부분들로 구분하거나 몇 가지 지령을 내린다.

- '평소 나의 약점은 ……입니다.'
- '내일 청중은 ……에 대해 좀더 까다롭다.'

자신을 표현하라

청중은 들은 것에 대해선 이미 조금 기억할 뿐이지만, 본 것은 대부분 기억한다. 그리고 청중은 바로 여러분을 본 것뿐이다.

여러분 자신을 전달하는 방법, 중요한 순간에 여러분의 얼굴 표정 등은 메시지를 강화시키거나 파괴시키는 요소가 된다.

흔히 직설적으로 말하는 것이 좋지 않을 경우도 있다. '나는 좋은 사람이므로 나를 믿으면 된다.' 라는 말을 한마디도 하지 않고 이러한 신호를 명확하게 보낼 수 있다. 여러분은 사교 생활과 직장 생활에서 이러한 경험이 있을 것이다(여러분이 알고 있는 10대들을 생각해 보자. 다루기 힘들고, 숫기 없고, 눈치 없고, 무례하고, 변덕스럽고, 자기 중심적이고, 산만한 그들은 이러한 모든 메시지들을 소파에 대자로 누워서 전달한다).

여러분은 청중이 응시할 때 어느 정도 스트레스를 받는다. 그리고 이러한 스트레스는 여러분의 육체 언어에 영향을 준다(표현이 서툴게 되고, 자기 중심적이며 둔감해지고).

옳지 않은 강박 관념의 틀을 부수자

많은 사람들이 다음과 같은 고리에 빠지게 된다.

겁이 난다.

청중이 내가 겁먹었다는 것을 알겠지.

그게 날 더 겁나게 한다.

청중은 그것 또한 알겠지.

그리고 이것은 프리젠테이션 동안 계속된다. 이러한 고리를 푸는 몇 가지 방법이 있다.

1. 처음 몇 분 동안 청중과 신중하게 접촉하라.

청중에게서 웃음과 동의를 이끌어내기 위해, 청중 가운데 한 사람과 몇 마디 주고받아라. 그렇게 하면 배고픈 동물이 먹이를 바라보는 것 같은 청중의 표정은 사라지게 된다.

2. 여러분이 두려워하거나 겁낸다는 것을 청중은 모른다고 스스로에게 각인시켜라.

땀으로 끈적거리는 손바닥, 고동치는 심장의 움직임, 피가 솟아오르는 느낌 등 여러분이 긴장하는 모습은 대부분 청중이 알아채지 못한다. '내가 얼마나 긴장하는지 청중은 모를 거야' 라고 속으로 말하면서 고리를 깨라.

3. 청중은 여러분 편에 있다는 사실을 기억하라.

청중은 자신들의 귀중한 시간을 여러분의 프리젠테이션을 보고 듣는 데 할애하고 있다. 그러므로 청중은 여러분의 프리젠테이션이 성공적이기를 바랄 것이다.

4. 잠시 쉬는 시간을 가져라.

청중에게 잠시 무언가를 보여 주고 생각할 시간을 갖는다. 그 동안 숨을 크게 들이쉬고 다시 청중을 본다. 여러분이 긴장하듯 청중도 프리젠테이션을 하게 되면 긴장할 것이다.

높은 수준의 보디 랭귀지를 적용하라

· 연설대나 테이블 뒤에 숨지 마라.

· 머리는 곧추들고, 어깨는 펴라.

· 똑바로 서고, 몸 전체에 체중을 균일하게 싣는다.

· 팔을 자연스럽게 두고 강조하거나 설명할 때 움직이도록 한다.

· 손목, 팔꿈치, 어깨 등을 이용하여 제스처를 많이 사용한다.

보디 랭귀지로 여러분이 보내는 메시지는 이러한 것들이다.

감추는 것이 없다.

보면 알게 된다.

방법이 없다.

만나서 반갑다.

사물이나 신체의 일부 만지기, 포인터(가리키는 물건) 만지작거리기, 호주머니 안의 열쇠 만지작거리기, 코 긁기, 다리 꼬기 등은 안절부절못할 때 하는 행동들이다. 이런 행동들은 발표자에게 일종의 심리적 안도감을 준다.

여러분이 이런 경향을 가졌다면, 여기 한 가지 도움이 될 제안이 있다. 청중 모르게 여러분 자신에게 접촉하는 방법이 있다. 지금 시도해 보자.

- 엄지 손가락과 가운데 손가락으로 원을 만들고, 나머지 손가락들은 힘을 뺀다. 팔을 자연스럽게 몸 옆에 둔다. 청중의 눈에 띄지 않게 엄지 손가락과 가운데 손가락에 힘을 동시에 준다. 이것을 무대에서 때때로 해본다. 이때 청중은 어떤 것도 보지 못한다.

이렇게 하면 안절부절못하는 행동을 알아채지 못할 것이다. 프리젠테이션 훈련 과정에서는 비디오 재생 장치를 이용한다. 신뢰감 있는 친구, 캠코더, 예행 연습 등을 거치며 준비할 때 수확이 있는 프리젠테이션이 될 수 있다.

올바르지 못한 행동의 유혹은 없애고 행동을 완벽하게 다시 만들어 본다. 여러분이 자신과는 다른 사람이 되어 보려고 노력한 것을 청중은 알게 될 것이다.

하지만, 여러분이 정성들인 노력이 좋지 않은 영향을 불러일으킬 수도 있다. 즉, 청중은 '바보짓을 하네' 라고 생각할 수도 있다는 것이다.

'귓불을 당기는 버릇을 없애겠다.' '좀더 많이 웃어 보겠다.' 는 등 성취할 수 있는 한 가지 목표를 스스로 정한다.

여러분의 눈을 보여 주고 사용하라

얼굴은 매우 복잡한 신호 체계이며, 인간의 삶에서 가장 중요한 부분 가운데 하나라고 할 수 있다. 어머니의 얼굴은 아기가 처음으로 알게 되는 대상이기도 하다. 대부분의 지폐에는 유명한 인물이 그려져 있다. 진짜 지폐와 일련번호나 기하학적 무늬에서 근소한 차이가 있는 위조 지폐일 경우, 당분간은 사용할 수 있지만 오래가지는 못한다.

얼굴에서는 눈이 가장 중요하다. 신뢰감을 주기 때문이다. 카드놀이 야바위꾼이 눈속임을 위해 무표정한 표정을 지을 때 그의 눈은 죽은 눈과도 같다. 죄를 지은 사람은 다른 사람들의 눈을 피한다. 중고차 판매상으로부터 눈을 감고 차를 사는 사람은 아무도 없다.

청중의 눈을 들여다보아라. 여러분의 마음의 창인 눈으로 청중을 보아라. 여섯 명 이하의 소집단에서는 청중의 눈에서 보다 많은 것을 읽을 수가 있다. 청중이 열 명 이상 되면 이들 모두에게 시선을 마주치는 것은 불가능하다(2분마다 3초씩 시선을 마주치는 것은 소용이 없다).

강당의 왼쪽에서 한 사람, 중간에서 한 사람, 오른쪽에서 한 사람으로, 세 명을 선택한다. 또는 앞 열에서 한 사람, 뒤에서 한 사람, 당신의 뒤쪽에서 한 사람을 선택한다. 발표자가 무언가를 기억해내며 찾으려고 할 때 청중은 가까이서 혹은 멀리서 여러분을 응시한다.

이를 인식하고 여러분의 말에 리듬을 부여하라. 단락이 길어서 말의 리듬이 오래가면, 강당 위의 모퉁이를 보거나 창문 밖으로 시선을 둔다. '단락'이 끝날 때쯤, 여러분이 선택한 청중을 응시하면서 강조할 생각이나 문장을 전달한다.

그런 다음, 청중의 눈을 보자. 반응을 읽을 준비가 되어 있는가? 청중이 눈을 뜬 채로 잠들어 있다면, 여러분의 말은 매우 가치 있는 정보라는 뜻이다.

연습 문제   Exercise

친구의 눈을 응시하며 시선을 떼지 말고 알파벳을 읊어 보아라.

얼마나 힘든 일인지 살펴보아라.

천천히 하라

너무 많은 애기를 쉬지 않고 하면 청중은 짜증이 나게 된다. 즉, 발표자가 청중의 청취 수용력을 과대 평가하고 있는 것이다. 조금 천천히 하라.

그렇다고... 각각의... 단어를... 말하고... 나서... 일시... 중지하라는... 뜻은... 아니다.... 이것은... 청중을... 더... 미치게... 만든다.

각각의 의견 덩어리를... 말하고 난 후... 잠시 쉬어라. ... 바로 이러한 행동은... 청중이 여러분 말을 수용하는 데... 가장 적합한 방법이다.

보다 중요한 의견을 전달하고 나서는 휴식을 취해 보아라.

기억하라.

무대에서 5초는 당신에게는 5시간과도 같으며, 청중에게는 사막의 오아시스와 같다. 청중은 바로 그것을 원한다.

국제 무대 : 보디 랭귀지(육체 언어)

1. 몇몇 국가에서는 연소자가 손윗사람 앞에서 보디 랭귀지를 많이 보여 주면 안 된다.

- 이러한 국가에서 프리젠테이션을 할 때, 청중의 입장에서 보기 좋은 여러분의 자세에 대해서 물어보아라. 조심스러우면서도 겸손한 자세를 취해야 할 때도 있다.

2. 자신감을 나타내는 미국식 미소가 다른 국가에서는 거짓인 것처럼 보일 수도 있다. 즉, '빈 수레가 요란하다.' 라는 식으로 받아들일 수도 있다.

- 그곳 사람들의 얼굴을 지켜보아라. 웃고 있는가? 그 웃음이 때로 난처하거나 당혹스러워 웃는 웃음인가? 그곳의 정치가나 TV 앵커를 관찰해 보아라.

3. 어떤 나라에서는 청중과 가까이 하는 것을 좋아한다.

- 물론, 그렇지 않은 나라도 있다. 가끔은 의자를 U자형으로 배치하는 등 청중에게 보다 가까이 다가서서 얘기하는 것도 좋다. 그러나 청중이 이를 원치 않을 경우도 있다.

유능한 프리젠터가 되려면?

- 일반적인 것에서 특수한 것으로 초점을 맞춰라.
- 청중이 무엇에 관심이 있는지 검토하라.
- 청중에게 맞는 정보를 선택하라.
- 청중에게 먼저 자극을 주면서 시작하라.
- 청중과 초기에 접촉하라.
- 집중도가 높은 처음과 마지막을 잘 활용하라.
- 중요한 순간에는 음성의 볼륨과 주파수를 올려라.
- 청중이 보는 시각 도구를 수시로 바꿔보라.
- 청중에게 맞는 농담을 하라.
- 항상 모자랄 때가 더 좋은 것임을 명심하라.
- 당신의 주장에 엄격한 구조를 부여하라.
- 발표구조를 청중에 맞게 정하라.

시놉시스

처음부터 끝까지 이 책을 읽거나 목차를 훑어보고, 아래와 같은 기초적인 구조를 숙지하라.

청중

에서 시작하라!

메시지

의 구성을 나타내라!

여러분 자신

에 보다 많은 주의를 기울여라!

이것이 바로 여러분이 프리젠테이션을 준비할 때 갖추어야 할 최적의 구조이다.

프리젠테이션을 지켜보는 청중에 대해 많은 것을 생각하면서 시작하라. 프리젠테이션 분위기, 소재의 제한, 여러분의 행동 등 모든 상황을 설정하는 것은 바로 청중이다. 청중은 중요한 역할을 한다. 즉, 청중의 마음만큼 중요한 것은 없다고 보는 것이다. 여러분은 청중을 만족시키고 청중의 마음을 읽도록 노력해야 한다.

목표는 확고하면서도 현실적이어야 한다. 메시지는 그 목표에 다다르는 수단이어야 한다. 프리젠테이션 구상 단계에서는 청중이 메시지에 확실히 영향을 끼쳐야 한다. 다른 청중들에게 같은 메시지를 두 번 전달하면, 이들 중 한 명은 불완전한 메시지를 받은 것이다.

프리젠테이션을 시작하는 초반에 다음과 같은 항목을 체크해야 한다. 여러분이 예측한 곳에 청중이 있는가? 청중의 지식 수준, 태도, 유머 센스 등은 여러분이 예측한 정도인가? 여러분의 머릿속에 청중의 피드백 신호를 받아들일 공간을 마련해 두고, 이것에 따라 프리젠테이션 궤도를 수정한다.

프리젠테이션을 하는 동안 여러분의 마음은 세 가지로 작용한다.

1 의식적 : 주의를 필요로 한다.
2 반의식적 : 제2의 천성
3 반동적 : 작용력이 없다.

이야기 소재는 잘 파악하고 있으나 프리젠테이션 동안 자신이 잘하고 있는지 그렇지 않은지 걱정하는 일반 수준의 완벽하지 못한 발표자는 위의 세 가지 수준에서 '반의식적' 인 사람이다.

완벽한 발표자는 먼저 청중을 사로잡는 법을 아는 사람이다.

	완벽하지 못한 발표자	완벽한 발표자
의식적	**나** '저는 ……입니다.'	**청중** '안녕하세요, 여러분'
반의식적	**나의 메시지** '……한 직업들이 있습니다.'	**나의 메시지** '여러분에게 맞는 직업은 …입니다.'
반동적	**청중** '질문 사항 있습니까?'	**나** '경청해 주셔서 감사합니다.'

유의할 점 What this means to you

여러분은 이미 중상급 이상의 발표자이며, 보다 더 잘할 수 있다.

매번 프리젠테이션을 하고 나서, 경험을 재현해보고 보다 건설적인 방향으로 자기 자신을 비판해본다. 이러한 질문을 스스로에게 던져 보면 좋을 것이다.

* 슬라이드를 효과적으로 사용했는가?

* 소재를 적절히 강조해서 사용했는가?

* 내가 유능한 발표자였음을 입증했는가?

발표자에겐 모두 필요한 질문이다. 프리젠테이션 진행 중에는 이렇게 질문해야 한다.

* 프리젠테이션을 진행하는 동안 청중의 반응을 관찰했는가?

* 내가 청중의 반응을 관찰한 대로 프리젠테이션 흐름을 조절했는가?

안토니우스의 연설

벗이여, 로마인이여, 동포 여러분, 나에게 귀 기울여 주시오.

난 시저를 묻으러 온 것이지 칭찬하러 온 것이 아니외다.

인간의 악행은 죽은 후에도 남지만

인간의 선행은 뼈와 함께 땅에 묻히기 마련이오.

시저 역시 그럴 것이오. 고결한 브루투스,

그는 시저가 야심에 불탔다고 말하였소.

만일 그게 사실이라면 애절한 비애인데,

가슴 아프게도 시저는 그 값을 치렀소 .

나는 브루투스와 다른 사람들의 허락을 받아 말씀드리는 겁니다 .

브루투스는 고매한 분, 그 밖의 사람들도 고매하지요.

난 시저에게 추도사를 하러 이곳에 온 것이오.

그는 나의 친구이며, 나에게 믿음을 주고 공정하였소.

그러나 브루투스는 그를 야심가라고 하였소.

브루투스는 고매한 분이시오.

시저는 많은 포로들을 로마로 데려왔으며

포로들의 몸값은 모두 국고에 내놓았소.

어찌 이것이 시저의 야심이란 말이오?

가난한 사람들이 배고파 울부짖을 땐 시저도 함께 울었소.

야심이란 이보다 더 냉혹한 마음에서 생기는 법,

그런데도 브루투스는 그를 야심가라 하오.

어쨌든 브루투스는 고매한 분이오.

여러분은 루퍼커스 제전 때 보셨을 거요.

내가 세 번씩이나 시저에게 왕관을 바쳤지만,

모두 거절한 것을. 이게 야심이오?

그런데도 브루투스는 시저가 야심을 품었다고 말했소,

분명 브루투스는 고매한 분이시오.

내가 브루투스의 말씀에 대항하는 건 아니오.

다만, 아는 바를 말하기 위해 여기 있는 것이오.

여러분은 한때 시저를 사랑했소. 물론 이유가 있지요.

그런데도 왜 여러분은 그를 애도하기를 꺼리는 겁니까?

오, 분별력이여! 그대는 금수에게 도망쳐 버리고

사람들의 이성은 눈이 멀었는가!

날 용서하시오.

내 심장은 시저와 함께 관 속에 들어갔소이다.

심장이 내게로 되돌아올 때까지 기다려 주시오.

시민들은 안토니우스의 말이 일리가 있다면서, 자기들끼리 웅성거리며 이야기
를 한다. 슬픔에 잠긴 안토니우스는 다시 연설하기 시작하면서, 시저의 유언

진정하시오, 여러분, 난 읽을 수가 없소.

여러분은 목석이 아니라 인간이오.

인간인 이상 시저의 유언을 들으면 여러분은 필시 격분해서

이성을 잃어버릴 것이오.

그 명예로운 사람들을 비난하기가 두렵소.

그들의 비수가 시저를 찔렀던 것이오.

만약 여러분들께 눈물이 있다면 지금이야말로 눈물을 흘릴 때요.

여러분은 이 외투를 아실 거요. 나는 시저가

이 외투를 처음 입던 날을 기억하오.

'어느 여름 날' 저녁 군막 속에서

너비 족을 정복하던 바로 그 날이었소.

보시오, 캐시어스의 칼이 여길 찌르고 들어갔소.

캐스카의 원한의 칼이 찌른 이 자국을 보시오.

여긴 총애를 받던 브루투스가 찌른 자국이오,
저주받은 칼을 브루투스가 뽑아 들었을 때,
자, 보시오. 시저의 심장에서 쏟아지는 피를
브루투스가 찌른 이 상처는 가장 잔인무도했소.

무질서한 군중들이 격분해서 큰 소리로 비난을 퍼붓기 시작한다.

친애하는 벗들이여, 선량한 벗들이여, 내 말에 격분해서
갑작스런 폭동을 일으켜선 안 됩니다.
친구 여러분, 나는 여러분의 마음을 도둑질하러 여기 온 것이 아니라오.
나는 브루투스처럼 웅변가도 아니오.
여러분이 알다시피, 나는 평범하고 무뚝뚝한 사나이라오.
다만, 내 친구를 사랑할 뿐이오.
그저 솔직하게 말할 뿐이오.
여러분 자신도 알고 있는 걸 이야기할 뿐이오.
여러분에게 시저의 상처를, 저 불쌍하고 말 없는 상처를 보여드려,
그 상처 대신 말할 뿐이오. 만일 내가 브루투스이고,
브루투스가 안토니우스라면 안토니우스는
여러분의 마음에 불을 질러 시저의 상처마다,
혀를 주어 로마의 돌까지도 선동하여 폭동을 일으키게 했을 것이오.

시민들 : 폭동을 일으키자.

마지막으로, 안토니우스는 자신의 산책로와 과목, 과수원들 모두를 기꺼이
사람들에게 남긴다는 시저의 유언을 읽어서, 격분한 사람들을 진정시킨다.
그런 다음, 안토니우스는 폭동을 일으키려는 군중의 마음을 달랜다.

링컨의 게티스버그 연설

지금으로부터 87년 전, 우리의 선조들은 이 대륙에서 자유 속에 잉태되고 인간은 모두 평등하게 창조되었다는 명제로 봉헌된 새로운 나라를 탄생시켰습니다.

우리는 지금 거대한 내전(內戰)에 휩싸여 있고 우리 선조들이 세운 나라가, 아니 그렇게 잉태되고 그렇게 봉헌된 어떤 나라가, 과연 이 지상에 오랫동안 존재할 수 있는지 없는지를 시험받고 있습니다. 오늘 우리가 모인 이 자리는 남군과 북군 사이에 큰 싸움이 벌어졌던 곳입니다.

우리는 이 나라를 살리기 위해 목숨을 바친 사람들에게 마지막 안식처가 될 수 있도록 그 싸움터의 땅 한 뙈기를 헌납하고자 여기 왔습니다. 우리의 이 행위는 너무도 마땅하고 적절한 것입니다.

그러나 더 큰 의미에서, 이 땅을 봉헌하고 축성(祝聖)하며 신성하게 하는 자는 우리가 아닙니다. 여기 목숨 바쳐 싸웠던 그 용감한 사람들, 전사자 혹은 생존자들이, 이미 이곳을 신성한 땅으로 만들었기 때문에 우리로서는 더 보태고 뺄 것이 없습니다. 세계는 오늘 우리가 여기 모여 무슨 말을 했는가를 별로 주목하지도, 오래 기억하지도 않겠지만 그 용감한 사람들이 여기서 수행한 일이 어떤 것이었던가는 결코 잊지 않을 것입니다. 그들이 싸워서 그토록 고결하게 전진시킨, 그러나 미완(未完)으로 남긴 일을 수행하는 데 헌납되어야 하는 것은 바로 우리들 살아 있는 자들입니다.

우리 앞에 남겨진 그 미완(未完)의 큰 과업을 다하기 위해 지금 여기 이곳에 바쳐져야 하는 것은 우리들 자신입니다. 우리는 그 명예롭게 죽어간 이들로부터 더 큰 헌신의 힘을 얻어 그들이 마지막 신명을 다 바쳐 지키고자 한 대의(大義)에 우리 자신을 봉헌하고, 그들이 헛되이 죽어가지 않았다는 것을 굳게 다짐합니다. 신의 가호 아래 이 나라는 새로운 자유의 탄생을 보게 될 것이며, 국민의, 국민에 의한, 국민을 위한 정부는 이 지상에서 결코 사라지지 않을 것입니다.

링컨
게티스버그 국립묘지 봉헌식 헌정사에
1863년 11월 19일

맺는 말

소프트웨어 및 프로젝터에 관련된 구성을 제외하고, 이 책에서 우리가 다룬 대부분의 내용들은 링컨과 안토니우스(부록 참조)뿐만 아니라 아리스토텔레스와 매콜리(영국의 문호·정치가)의 이론과 유사하다.

이 책에는 새로운 것은 아무것도 없다. 다만, 기존의 것들을 유용하게 조합하여 쉽게 활용할 수 있도록 하였다.

커뮤니케이션 분야에서 완전하게 새로운 것을 제안할 수 있다면, 세계적인 주목을 받을 것이다. 여러분이 그것을 어디서 찾든지간에, 훌륭한 발표자의 아이디어를 활용하기를 바란다.

정교한 것과 간단한 것 가운데 하나를 선택하는 상황에 직면한다면 간단한 것을 골라야 한다. 모든 복잡한 요소들을 벗어 버렸을 때만 청중과 전달하고자 하는 메시지 그리고 발표자 자신이 함께 하게 되는 것이다.

　성공적인 프리젠테이션은 청중으로 하여금 스스로 머릿속으로 생각하게 만든다. 발표자인 여러분이 청중의 눈을 바라보고 있다면, 이 자체가 바로 커다란 경험이다.